LES NOUVELLES

FOUILLES D'ABYDOS

(1896-1897)

PAR

E. AMÉLINEAU

PARIS

ERNEST LEROUX, ÉDITEUR

28, RUE BONAPARTE

—

1897

LES NOUVELLES

FOUILLES D'ABYDOS

(1896 - 1897)

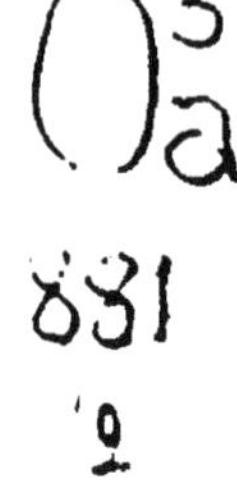

BAUGÉ (MAINE-ET-LOIRE). — IMPRIMERIE DALOUX.

LES NOUVELLES

FOUILLES D'ABYDOS

(1896-1897)

PAR

E. AMÉLINEAU

PARIS
ERNEST LEROUX, ÉDITEUR
28, RUE BONAPARTE

1897

Stèle [illegible]

Phototypie Berthaud

LES NOUVELLES

FOUILLES D'ABYDOS

(2e CAMPAGNE 1896-1897)

Malgré bien des obstacles de toutes sortes, malgré les heures de découragement et de lassitude morale, j'ai pu continuer dans la nécropole d'Abydos les travaux que j'avais commencés l'année dernière, mais non pas les achever, comme je l'avais cru un moment. Instruit par l'expérience que j'avais acquise l'année dernière quelquefois à mes dépens, j'ai réalisé certains progrès, et, grâce à cette expérience, grâce aussi aux circonstances dans lesquelles j'ai opéré mes fouilles, je crois pouvoir assurer que cette année, comme du reste l'année dernière autant que cela m'avait été possible, les objets découverts présentent tous les caractères désirables d'authenticité [1] et de sûreté scientifique. Tous les objets recueillis au cours de cette campagne l'ont été sur un espace très restreint, dans une dépression artificielle où il n'y avait point de couche supérieure formée par l'amoncellement de vases en terre appartenant à toutes les époques de l'histoire, mélangés à ces monuments divers sur lesquels étaient inscrits les noms de Pharaons connus et catalogués dans la liste des dynasties manéthoniennes : ils sont tous sans exception sortis d'un même monument et par là même ils offrent à l'étude du savant toutes les sûretés

1. Cette année, le marché du Caire a été inondé de vases et objets en métal remontant à une haute antiquité : ces objets ont été offerts aux acheteurs comme provenant d'Abydos. C'était un mensonge intéressé ; ils provenaient d'un village nommé El-Hosch-el-Homoury, situé au nord de Qéneh, et d'El-Mahasnah, au nord d'Abydos. Les marchands qui les ont achetés aux marchands d'Abydos ont donné la provenance intermédiaire pour la provenance réelle.

désirables. A mesure que les travaux des fouilles les faisaient apparaitre à la lumière, tous les objets étaient aussitôts étiquetés avec la date du jour et le numéro d'ordre de la chambre où ils avaient été trouvés. Si ce n'est pas la première fois qu'on ait agi de la sorte, car je sais que M. Petrie procède ainsi et j'ai été à même de voir cette année que M. de Morgan employait ce même procédé, ce sera du moins la première fois que des objets aussi nombreux, aussi importants et je ne crains pas de le dire, relativement aussi beaux ont été rencontrés dans un même tombeau.

A quelque époque que l'on fasse remonter le monument que j'ai mis au jour cette année, il y a un fait certain, c'est que, si l'on ne considère que le nombre des chambres, il est le plus grand monument funéraire connu en Egypte jusqu'à ce jour puisqu'il ne renferme pas moins de 65 chambres, quoiqu'il ne soit long que de 80 mètres environ. Il y a d'autres tombeaux qui occupent plus d'espace en longueur : celui de Séti Ier pour ne citer que celui-là, a trois étages et s'étend sur une longueur d'environ 150 mètres ; mais l'on n'en connait pas encore un seul qui puisse rivaliser avec ce chiffre de 65 chambres : le plus grand que l'on connaisse est le mastaba de Mera, découvert par M. de Morgan il y a quatre ans, mastaba peu connu et pouvant soutenir la comparaison avec le célèbre tombeau de Ti pour la beauté de ses sculptures, le surpassant par la variété des scènes représentées et ayant encore debout, dans sa niche, la statue du maitre : il comprend seulement 34 chambres, de toutes petites chambres, et il faut dire que ce mastaba est un triple tombeau, celui de Mera, de sa femme et de son fils, et que chacun des habitants avait des bâtiments séparés. Au contraire, dans le tombeau que j'ai été assez heureux pour mettre au jour pendant l'hiver dernier, les chambres sont assez grandes, car elle avaient au moins 2[m] 25 de largeur sur 3[m] 40 de longueur ; les corridors sont larges et ont une longueur de 10 mètres, et, en admettant même pour un instant que le monument soit un double tombeau, la première partie comprend au moins 37 chambres et la seconde 28 : ce qui est suffisant.

C'est encore l'un des plus anciens, sinon le plus ancien

monument connu en Egypte. Je dirais, sans aucune hésitation, que ce monument est le plus ancien témoignage de l'architecture égyptienne qui nous soit parvenu, si je ne savais que cette année même, en des fouilles qu'il a faites près de Neggadeh, M. de Morgan a découvert une tombe qu'il croit royale et qu'il m'a dit estimer plus ancienne que les tombes découvertes à Abydos pendant l'hiver 1895-1896, et antérieure aussi à celle que j'ai découverte l'hiver dernier. Je n'ai pas vu le monument découvert par M. de Morgan, je dois donc m'abstenir de tout jugement : M. de Morgan au contraire a vu une petite partie du monument mis au jour dans la nécropole d'Abydos et son jugement peut être acceptable.

Le tombeau de Neggadeh appartient sans doute à la même époque que celui d'Abydos, mais il lui est inférieur par le nombre des chambres et surtout par la richesse, car ce dernier présentait une valeur énorme, extraordinaire et, s'il eût été intact, il eût fourni un nombre d'objets tellement incroyable que l'on se serait refusé à admettre qu'on eût pu entasser autant de richesses dans une seule tombe ; malheureusement il avait été pillé et presque tous les objets avaient été brisés intentionnellement. Le tombeau découvert par M. de Morgan à Neggadeh était dans un état analogue et de plus il avait été incendié, tandis que celui d'Abydos ne portait aucune trace d'incendie. Ce point doit être noté avec soin, à cause des conséquences qu'on en peut tirer, et c'est là une différence capitale qu'offre le monument trouvé par M. de Morgan avec celui que j'ai eu le bonheur de trouver moi-même. Je prévois en effet, d'après ce que m'a dit le Directeur général du service des antiquités en Égypte, qu'il en tirera des conclusions telles que je ne pourrai le suivre sur le terrain où il se placera. Mais ce que j'ai seulement envie de faire en cette brochure, c'est de faire connaître le monument que j'ai fouillé dans la campagne dernière, sans me préoccuper de tirer encore des conclusions que je crois prématurées pour la nécropole d'Abydos.

Je n'ai fouillé cette année que le tombeau dont je parle : j'avais cru primitivement pouvoir reprendre la butte que j'avais commencé l'année dernière, mais les circonstances m'en ont empêché. Tout d'abord, j'étais persuadé en commençant les travaux de la dernière campagne que j'allais rencontrer des tombeaux comme ceux de l'année dernière, que par conséquent j'aurais terminé d'assez bonne heure les fouilles de la dépression que j'interrogeais et dont je voulais savoir le secret avant de reporter mes ouvriers à l'endroit où j'avais interrompu mes fouilles précédentes : on a vu par ce qui précède que j'ai été complètement trompé dans mes espérances. En outre, la nature même des lieux ne permettait pas d'employer un grand nombre d'ouvriers, ce qui rendait nécessairement les opérations beaucoup plus longues. Enfin, ces opérations ont été rendues plus difficiles par ce fait qu'il a fallu, en certains endroits, enlever huit mètres de sable et dans les autres au moins quatre à cinq mètres, avant d'arriver aux murs des chambres. C'est pour toutes ces raisons que je n'ai pu continuer de fouiller à l'endroit commencé l'année dernière, malgré toute ma bonne volonté, car j'ai employé près de quatre mois au déblaiement de la dépression que j'avais attaquée en pensant y consacrer au plus un mois.

Et quand je dis déblaiement, encore faut-il s'entendre : j'ai bien déblayé toutes les chambres du monument avec le soin le plus scrupuleux, mais ce n'a été que pour remplir l'instant d'après celles que je venais de vider. Je sais moi-même tout le premier que cette façon d'agir n'est nullement celle que l'on devrait attendre d'un homme qui connaît l'importance du monument qu'il met au jour : mais outre qu'il m'aurait fallu deux plus fois de temps et d'hommes pour transporter les déblais au dehors du monument lui-même et que les ressources mises à ma disposition n'auraient pas suffi pour cette œuvre devenue gigantesque, car je n'ai pas eu moins de 25 à 30,000 mètres cubes de sable à déplacer, une telle conduite de ma part eût été imprévoyante, puisqu'elle n'aurait réussi qu'à vouer le monument découvert à une destruction certaine et presque immédiate. En Europe, on est trop porté à considérer les fellahs égyptiens comme des êtres intelligents et à longues vues : le fellah ne saurait voir à une longue distance ni former en conséquence des desseins comportant une longue suite d'opérations distinctes ; il ne voit que le profit présent. Bien des fois, presque tous les jours, au cours de la campagne dernière, j'ai eu à lutter contre des conseils intéressés ou désintéressés, à empêcher la ruine systématique du monument, et, comme on avait trouvé de l'or dans l'intérieur d'un mur, j'étais bien certain par avance qu'on se hâterait de démolir les murs pour voir s'ils ne contenaient pas un peu de ce métal qui est le seul Dieu adoré en Égypte et en beaucoup d'autres pays. Aussi en agissant comme j'ai agi, j'ai conservé aussi intact qu'il le pouvait être ce monument d'une antiquité si reculée, et, si le désir monte au cœur de quelque égyptologue contemporain ou postérieur de voir le monument lui-même, il n'aura qu'à faire ce que j'ai fait et il trouvera le monument, sinon dans l'état ou je l'ai trouvé, car il a été impossible de le déblayer sans que certaines parties ne se détériorassent, mais du moins intact dans toutes ses parties essentielles et il pourra ainsi juger de mon travail. Il en eût été tout autrement si l'administration du musée eût pu faire pour ce monument qui le mérite bien d'ailleurs ce qu'elle a fait pour certains autres tombeaux ; mais je savais à quoi m'en tenir sur ce sujet et je comprends très bien d'ailleurs qu'elle ne puisse pas consacrer une somme fort considérable pour obtenir un but problématique ; le jour où elle le pourra faire, elle trouvera le monument intact, grâce au soin que j'ai pris de le faire recouvrir de sable.

Il serait très désirable qu'elle le pût faire dans un temps assez rapproché, car ce tombeau est l'œuvre architecturale la plus complète, la mieux conservée et la plus considérable de cette époque reculée. En écrivant ces épithètes, je ne cherche point à rabaisser les travaux de mes contemporains ; ils ont fait ce qu'ils avaient à faire et j'ai fait aussi ce que je devais faire. M. Petrie a eu l'avantage de mettre le premier au jour les monuments remarquables de cette époque qu'il n'a pas osé reconnaitre ; M. de Morgan vient de compléter l'œuvre de M. Petrie et de mon côté j'ai trouvé ce que je devais trouver : si la chance a été plus grande d'un côté que de l'autre, il ne faut s'en prendre qu'à elle seule, car mes deux collègues ont travaillé avec toute leur conscience et je me suis efforcé de les imiter. A nous trois, nous avons posé le problème de l'Egypte antéhistorique, ou tout au moins de l'Egypte au commencement de son histoire, que ce soit inconsciemment ou sciemment, et cette question qui, jusqu'à l'année dernière, ne préoccupait que très peu ou même ne préoccupait pas du tout les esprits scientifiques en Europe, dont l'importance était même niée par tous les Egyptologues de profession, s'impose désormais à la considération de tous ceux qui s'occupent de l'Egypte d'abord, de tous ceux ensuite autrement nombreux qui s'intéressent au développement de la civilisation humaine, car, malgré toutes les découvertes faites en ces dernières années, c'est l'Egypte qui nous a fourni les restes les plus antiques de cette civilisation et son dernier mot est loin d'être dit en une pareille question.

I

Mon premier soin en arrivant à Abydos pour reprendre les fouilles commencées l'année dernière fut de me rendre sur le théâtre de ces fouilles et d'examiner si le terrain n'avait pas été violé par des recherches clandestines d'antiquités, puis d'étudier le site sur lequel j'allais opérer cette année, car je ne comptais reprendre la grande butte entamée précédemment que vers la fin de l'hiver, estimant qu'en un mois environ je verrais la fin du nouveau site. Sauf une légère tentative de fouilles clandestines qui n'avait pas abouti, le terrain était intact, la surveillance établie ayant bien vite mis un terme au travail illicite : j'étais donc certain que rien n'avait été défloré. L'étude du terrain nouveau à fouiller me confirma de plus en plus dans la résolution que j'avais prise précédemment de chercher à savoir ce que pouvait cacher la dépression dont il va être question.

Au sud-ouest du plateau situé à l'ouest de la butte inachevée, plateau sur lequel j'avais découvert les tombeaux de celui que j'ai appelé le roi Serpent, du roi Den et de deux autres

Pharaons dont l'un se nomme peut-être Qad et dont le nom de l'autre ne peut encore se lire, à une distance d'environ 70 mètres, existait une sorte de dépression ellipsoïdale, formée par les déblais enlevés d'une excavation et jetés sur les quatre côtés de l'ellipsoïde. Au nord, à l'est et à l'ouest, ces déblais formaient une sorte de muraille qu'il fallait escalader, haute d'environ 2m 50 à 3 mètres ; au sud, le mur de déblais était loin d'être aussi élevé et il n'y avait guère qu'une pente très douce descendant de la dépression qui existait entre les murs nord-est et sud-ouest. Qu'entre ces murs existât une dépression factice, cela se voyait au premier coup d'œil : cette dépression avait une largeur moyenne de 30 mètres environ, du sommet de la muraille nord-est au sommet du mur sud-ouest, sur une longueur de 110 mètres environ. Le sable qui recouvrait l'intérieur de cette ellipsoïde étant parsemé de fragments de vases en pierre, tendre ou dure, tout faisait présager qu'il avait comblé un ou plusieurs tombeaux de la même époque que ceux mentionnés plus haut. Je croyais pour ma part, avant tout travail de sondage ou d'exploration, rencontrer en ce lieu une série de petits tombeaux où je trouverais quelques vases et quelques uns des objets sortis de la première campagne de mes fouilles. Mon espérance n'a pas été réalisée ; mais, grâce au hasard, mon bonheur dépassa mon espérance. Afin de bien déterminer l'emplacement de cette dépression, je traçais un triangle équilatéral, dont la hauteur était perpendiculaire à la dépression en son milieu, pendant que la ligne parallèle à la base, si on la prolongeait, tombait dans le grand axe du tombeau de Den : la hauteur du triangle était de 34 mètres ; du tombeau de Den au sommet de ce triangle il y avait environ 89m 20[1]. Pour compléter la description de cette dépression, je dois dire que vers le milieu, il y avait à l'intérieur une sorte de renflement de terrain, et sur ce renflement des débris de pierres calcaires semblant annoncer une séparation de monuments ou de tombeaux.

1. Ces mesures sont loin d'être exactes, car j'étais dépourvu d'instruments de précision ; mais elles donneront une idée très approximative de la distance et de l'emplacement du terrain fouillé en cette seconde campagne.

Tout d'abord je fis exécuter des sondages au nord de la dépression, sur toute la base du triangle susdit et sur une hauteur de 34 mètres ; au sud, les sondages portèrent sur les 40 mètres qui touchaient la dépression et de même à l'ouest : partout le terrain était libre, il n'y avait donc aucun inconvénient à rejeter les déblais que j'allais retirer sur l'un quelconque de ces trois côtés. Je ne fis pas faire à l'est les mêmes sondages, parce que j'avais cru remarquer que le terrain était occupé par de petits tombeaux que je me promettais d'explorer par la suite. Au sud-ouest, le terrain où je fis exécuter des sondages était couvert de débris de poteries rouges, aspect qui lui était particulier, car sur les autres côtés il n'y avait rien de semblable, mais que je connaissais très bien depuis mes fouilles de 1895-1896. Sous cette couche de débris on ne trouva rien, sauf quelques pierres calcaires brisées et la base d'une stèle en syénite qui me firent concevoir de grandes espérances ; malheureusement ces espérances ne furent pas réalisées, car je ne retrouvai ni les autres parties de pierres calcaires, ni les restes de la stèle en syénite. Ces sondages faits, pour plus de sûreté encore et pour faciliter le travail de mes ouvriers, je fis faire à l'ouest une tranchée dans le mur de débris et de sable amoncelé, jusqu'à ce qu'on eût traversé la montagne. Cette tranchée ne me fit presque rien découvrir, car on ne trouva que le haut d'un vase en métal avec son anse. Mais en avançant vers l'extrémité intérieure du mur, on rencontra des gradins en pierre qui semblaient descendre jusqu'en bas peut-être du mur de débris, peut-être du monument que j'allais découvrir. Les pierres n'étaient pas taillées, elles avaient été posées à sec, mais l'escalier existait bien et j'avais tout lieu d'espérer. Ce fut une troisième déception, car les fouilles devaient me démontrer que cet escalier n'était que des retraits en pierres superposés les uns aux autres pour prévenir les éboulements de sable qui auraient pu se produire et gêner le travail des spoliateurs. La spoliation avait en effet eu lieu à une certaine époque et les fouilles allaient m'en apporter l'une après l'autre plusieurs preuves évidentes. Mais n'y avait-il eu qu'une seule spoliation ? C'est ce que je ne peux pas encore décider, quoique l'affirmative me paraisse plus que probable. En tous cas, la plus récente était l'œuvre des Coptes, car j'ai trouvé au fond d'une chambre un fragment de vase en pierre sur lequel étaient écrites des lettres coptes. Il est presque certain que cette spoliation remonte au VIe siècle de notre ère et que le moine Moyse y a beaucoup contribué, car la chose est racontée dans sa vie que j'ai publiée.

Les premiers jours de travail montrèrent en quel état se trouvait toute la couche de sable qui existait au-dessus des murs limitant les chambres proprement dites du monument. Cette couche de sable était épaisse en certains endroits de six à huit mètres : la différence qui existe entre ces deux chiffres provient de ce fait que du nord-est au sud-ouest la dépression allait en s'abaissant, ou tout au moins les murs formés de chaque côté par les déblais enlevés. Au nord-ouest, autant que j'ai pu la mesurer, la couche de sable était épaisse de plus de sept mètres, de la surface extérieure jusqu'à l'endroit où apparurent les murs du monument qu'il s'agissait de fouiller. Une si énorme quantité de sable devait amener de grandes difficultés de travail. Tout d'abord, la dépression était trop peu large pour qu'il fut possible d'établir un talus de 45° d'inclinaison, ce qui est d'ordinaire la pente donnée aux ouvrages de cette sorte. Peut-être, si le monument eut été d'une infime largeur, aurait-t-il été possible de donner cette pente aux talus que l'on faisait ; mais le monument avait plus de quinze mètres de large et se trouvait profond de 2m 50 environ, ce qui avec la profondeur de la couche de sable faisait une moyenne de neuf à dix mètres. Or, la muraille n'avait pas plus de trois mètres de largeur et cela ne suffisait pas pour établir un talus de 45°. En outre, les indigènes que j'occupais, comme de grands enfants qu'ils sont, imprévoyants et ne visant qu'à l'utilité immédiate, ont pour habitude d'enlever le sable en formant les trous les plus profonds qu'ils peuvent : lorsqu'ils ont atteint la profondeur qu'ils croient convenable, ils creusent par-dessous et font tomber des masses considérables de poussière et de sable dont ils remplissent ensuite leur couffes légères. Quand ils avaient fait une œuvre aussi admirable, ils me regardaient tout fier de leur habileté et s'attendaient à des éloges, sinon à une récompense pécuniaire. Je ne leur donnais ni l'un ni l'autre et ils ne recevaient que des reproches pour leur bêtise enfantine, et, pour leur montrer comment il fallait s'y prendre, je devais moi-même mettre la main à l'œuvre et leur tracer un talus tel que je le désirais. Alors, toujours comme des enfants, ils se montraient satisfaits et se mettaient à l'œuvre, faisant d'abord tout l'opposé de ce qu'il fallait faire, puis peu à peu en venant à ce que je voulais. Quand je croyais la leçon bien apprise, j'allais plus loin faire les mêmes observations et donner la même direction. Dix minutes ne s'étaient pas écoulées qu'ils étaient revenus à leur première méthode, et c'était à recommencer. Et j'avais avec moi les hommes les plus intelligents d'une population qui n'est pas inférieure à 7000 âmes, occupés, de temps immémorial à fouiller, soit pour le compte de divers directeurs du service des Antiquités, soit pour leur propre fortune ! Nécessairement, quand on avait atteint le sol de la chambre il se produisait des éboulements terribles de vingt à trente mètres cubes de sable d'un seul coup, qui arrêtaient net le travail, ce qui aurait pu produire de graves accidents — fort heureusement il ne s'en est pas produit un seul — sans compter que, pour peu qu'il y eût du vent, le sable coulait du haut en bas comme l'eau et que l'on avait toutes les peines du monde à en arrêter la chute. J'estime que le travail a été triplé par suite des difficultés provenant des hommes et des intempéries de l'air.

La couche de sable, surtout et presque exclusivement dans la première moitié du monument contenait en très grand nombre des fragments de vases en pierre, en certains endroits c'était comme un véritable filon de mine et j'ai recueilli jusqu'à 80 couffes de débris par jour. Ces fragments n'avaient pas de prime abord été placés intentionnellement sous la couche de sable où ils se trouvaient : leur position variable provenait d'une spoliation. J'ai entendu émettre de divers côtés la possibilité que le bris de ces vases eût été intentionnel et qu'il en pouvait être de même en Egypte que dans l'empire assyrien où les rois se faisaient brûler après leur mort, eux, leurs femmes et tout le mobilier amoncelé dans leur tombe. Je ne crois pas possible d'admettre cette explication pour les fouilles que j'ai pratiquées cet hiver, pas plus d'ailleurs pour celles de l'hiver dernier. Dans toute la longueur du monument que j'ai fouillé cette année, je n'ai pas trouvé la plus petite trace d'un incendie quelconque : presque tous les fragments que j'ai ramassés — et je les ai tous ramassés — ont la couleur même qu'ils avaient lorsqu'ils ont été taillés : si certains d'entre eux ont subi une détérioration quelconque dans la couleur, elle provient soit du laps de temps considérable pendant lequel ils sont restés enfermés dans le sable, soit de la substance qu'ils contenaient. J'ai ramassé certains de ces fragments, presque à la surface de la couche supérieure de sable, d'autres qui appartenaient au même vase au fond de cette même couche et d'autres enfin sur le sol des diverses chambres qui constituaient le monument. Si le bris eût été d'abord intentionnel, s'il eût été produit par le feu allumé pour consumer le cadavre et si la dispersion des fragments eût été l'œuvre de ce feu, il eût été complètement impossible que des fragments de vase parfois très considérables, eussent été projetés au-dessus de la toiture des chambres, laquelle existait encore sur presque toutes les chambres du monument. D'ailleurs certains des fragments les plus considérables avaient été utilisés pour la construction des murs élevés au-dessus des chambres en vue d'arrêter les descentes du sable, ou derrière les murs est et ouest de ces mêmes chambres, en un endroit où l'on n'aurait eu aucune raison de les placer.

Et puisque je parle des murs élevés par les spoliateurs en vue d'arrêter la descente du sable, il me faut donner ici quelques éclaircissements à ce sujet. Les premiers murs que je rencontrai lorsque la suite de mon travail me fit approcher des murailles limitant les appartements, étaient tellement irréguliers, s'enchevêtraient tellement les uns dans les autres en tous sens qu'il me parût presque impossible qu'ils appartinssent à une construction régulière. En les voyant apparaître en tous les sens à mesure que les travaux avançaient, j'en cherchais la raison d'être, et cette raison se fit voir avec les murs vraiment anciens. D'abord tous ces murs étaient faits de fort grandes briques paraissant appartenir à la XVIIIe dynastie et aux dynasties suivantes : ils étaient bâtis en retrait et n'avaient pas plus de 1^{m} 50 d'élévation. Leur épaisseur n'était guère que d'un ou deux lits de briques. Ils s'appuyaient généralement sur les murs anciens, quoique parfois on en trouvât de $0^{m}60$ à $0^{m}80$ de haut qui n'avaient que le sable pour tout fondement. Tous ces détails me montrèrent à la fin que les spoliateurs avaient procédé dans leur spoliation d'une manière identique à celle qu'employaient encore mes ouvriers. Quand ils avaient été en butte à des éboulements et à des descentes continuelles de sable, ils avaient construit ces murs pour prévenir ces éboulements et ces descentes, et cela non seulement sur les grands murs longitudinaux nord-est et sud-ouest, mais encore sur les murs latéraux de presque toutes les chambres. Ces murs étaient donc construits en briques de forte taille dans la première partie du monument, mais non pas intégralement, car on y avait mélangé de petites briques cuites provenant sans doute des tombeaux de Den et des autres que j'ai fouillés l'an dernier. Ces briques sont facilement reconnaissables et il n'en existe aucune de cette forme dans les autres parties de la nécropole fouillées par Mariette. Par conséquent leur présence nous montre que le monument dont il s'agit a été spolié après les tombeaux que j'ai explorés dans ma première campagne, et si la destruction et la spoliation n'ont pas été aussi complètes que celles des autres tombeaux voisins, cela vient sans doute de la lassitude des spoliateurs ou de l'opposition qu'ils finirent par rencontrer dans leur œuvre de dévastation.

Les briques crues ou cuites ne furent pas les seuls matériaux employés dans la construction de ces murs élevés par dessus les murs anciens : tôt ou tard les briques devaient manquer à cause de l'étendue superficielle des murailles de cet antique monument. On se servit d'abord des premières, puis des secondes, et, les unes et les autres manquant, on eut recours aux pierres de la montagne qu'on plaçait à froid de manière à former un mur assez résistant pour retenir le sable envahissant et s'opposer à la poussée qui résultait de l'accumulation du sable. Ces pierres n'avaient pas reçu la plus légère taille ; cependant, parmi elles j'en ai trouvé quatre ou cinq ayant conservé quelques vestiges d'une taille grossière et l'une portait sur l'un des côtés le commencement d'un protocole royal. Cette pierre était en calcaire de la montagne, à gros grains et friable, et non pas de ce calcaire fin et compact qu'on a employé pour la construction des monuments existant jadis sur le sol d'Abydos. Les caractères hiéroglyphiques avaient la forme classique ; mais la forme de la main dans le mot *Der* rappelle celle usitée pendant le premier empire memphite dans les inscriptions des pyramides, quoique je ne veuille aucunement assurer que l'inscription date de cette époque. A mesure qu'on approchait de la fin du monument, dès les dernières chambres de la première partie et dans presque toutes celles de la seconde, les murs en pierres auxquelles étaient mélangées quelques briques étaient de règle. D'ou l'on peut conclure que la spoliation avait commencé par le côté nord pour finir par le côté sud, et que les moines du VIe siècle avaient travaillé comme travaillaient mes ouvriers. Il faut cependant faire une exception pour ce qui regarde certaines portes élevées par les dévastateurs, à l'entrée des chambres : ces portes avaient toutes été construites en briques de forte taille, elles étaient peu épaisses — à peine deux ou trois lits de briques — tandis que, longtemps avant la fin du travail, mes ouvriers n'ayant plus de briques à leur disposition employaient presque exclusivement des pierres qu'ils allaient chercher aux environs, lorsque les fouilles ne les leur fournissaient pas en nombre suffisant, tout comme ils allaient chercher les briques cuites que leur offraient les débris extraits des tombes fouillées précédemment. La méthode était exactement la même, et les indigènes ne s'y trompaient pas : ils reconnaissaient au premier coup d'œil le passage et la manière de procéder de leurs ancêtres. Cependant je dois faire ici une observation importante qui suffira pour montrer que les spoliateurs étaient dans une bien meilleure position au VIe siècle que je ne me trouvais à la fin de notre XIXe siècle. Quand ils avaient entrepris leur œuvre spoliatrice, le monument était à la vérité en mauvais état, mais il était encore relativement en état d'assez parfaite conservation : il devait encore servir au culte des ancêtres et de là vient que les spoliateurs n'eurent pas à chercher un tombeau connu de tout le monde, qui était en partie comblé par le sable, mais qui était bien loin de se présenter à eux comme il se présentait à moi au cours de mes fouilles, tout comblé de sable non seulement à l'intérieur, mais encore de six à huit mètres au dessus des murs anciens. Je suis encore autorisé à conclure de la sorte par le fait suivant : le monument avait toutes ses chambres couvertes par de gros soliveaux en bois encore en place dans un très grand nombre de chambres. Par conséquent les spoliateurs n'avaient pas dû sur ce point particulier procéder comme j'ai procédé moi-même ; par conséquent, ils connaissaient très bien ce détail de la construction et avaient trouvé l'entrée du monument ouverte, ils y avaient pénétré comme on y pénétrait de leur temps, avaient spolié à loisir tout ce qu'ils avaient trouvé bon de prendre, avaient brisé ce qui ne leur semblait pas d'une utilité immédiate, laissant à peine quelques objets intacts. Puis ils avaient dû remplir la chambre de sable et pour ce faire ils avaient dû utiliser, jusqu'à la hauteur des murs, les corridors existants, puis amonceler le sable sur les murs jusqu'à une hauteur de six ou sept mètres afin d'empêcher ce culte des ancêtres qu'ils redoutaient tant et qu'ils ont radicalement empêché en cet endroit, s'ils n'ont pas aussi bien réussi dans les autres parties d'Om el Ga'ab. Certaines chambres n'ont pas dû être fouillées par eux ; ils se sont contentés de faire tomber de très grosses pierres sur les poteries qui les remplissaient, ou simplement de jeter une grande quantité de sable et de cailloux. J'ai rencontré dans l'une de ses chambres une couffe laissée par quelque ouvrier de la spoliation surpris par l'heure et l'ayant oubliée : elle était encore intacte et pouvait parfaitement servir après être restée enfouie plus de 1300 ans. Elle était d'une fabrication semblable à celle des couffes en usage actuellement et doublée en dessous de fibres de palmier afin d'en faire durer le service : la seule différence qu'il y avait entre elle et les couffes dont on se sert actuellement, c'est qu'elle était faite de fibres de palmier doum et non de simple palmier, c'est du moins ce que m'ont assuré mes ouvriers qui s'y connaissent très bien. On comprend dès lors que les spoliateurs ayant utilisé les corridors pour leur œuvre, j'aie retrouvé les couvertures des chambres en place le plus souvent, et que le poids du sable amoncelé par dessus ait rompu les soliveaux si bien que malgré toutes les précautions prises on n'a pu en retrouver un seul intact, soit qu'en effet le poids du sable les ait brisés, soit que 13 siècles de plus les aient réduits à un état de vétusté extrême, et qu'ils s'affaissassent d'eux-mêmes dès qu'on avait enlevé le sable par dessous. Il est de plus, si telle est la méthode employé par les dévastateurs, très facile de comprendre la dispersion des fragments dans la couche de sable supérieure aux murs et leur présence en quelque sorte par filons dans l'épaisseur de cette couche Ainsi que je le dirai plus loin, chaque chambre avait un mobilier complet : les spoliateurs après avoir pillé cette chambre et brisé tout ce qui ne leur convenait pas, ont répandu les fragments parmi le sable qu'ils apportaient pour combler la chambre spoliée précédemment, ou quelque fois fort loin, ce qui fait supposer ou que l'on avait fait de grands tas des objets pillés ou que la spoliation fut totale et s'exerça dans toute la longueur du monument avant que l'on ne recouvrit chaque chambre de sable. Par conséquent les fanatiques dévastateurs du VIe siècle avaient encore ici agi comme j'ai agi moi-même, c'est-à-dire qu'ils avaient rempli la chambre précédente des débris de la chambre suivante et construit des portes afin d'obvier à l'envahissement du sable, puis ils avaient construit sur le haut des murs de petits barrages et bouché les corridors par de grandes portes. Quand ce fut achevé, on recouvrit tout l'édifice de sable et on y amoncela les fragments que l'on avait réunis en grands tas. Si les spoliateurs ne s'y fussent pas pris de la sorte, ils n'auraient pas conservé intacts les soliveaux des chambres.

Cela dit, il me faut chercher à résoudre une autre question qui se pose d'elle-même : en quel état les spoliateurs ont-ils trouvé le monument ? Pour répondre à cette question, je dois d'abord dire comment ce monument avait été construit. Quand je commençai d'explorer les premières chambres en la première partie du monument, je trouvai les murs enduits d'une sorte de crépissage en terre, sur lequel on avait passé une très légère couche de blanc, probablement du lait de chaux. Comme avant tout je voulais conserver intact le monument que j'explorais, je ne cherchai point à démolir les murs pour voir comment ils avaient été construits et de quelle matière. J'aurais pu le voir par le haut, si ce haut n'eût pas été recouvert de ces murs en briques dont j'ai parlé, briques n'appartenant pas évidemment à l'époque des tombes d'Om el Ga'ab. Je crus donc d'abord que le monument en question était construit en briques, comme les tombeaux explorés l'an dernier. Mais à mesure que le travail avança, j'observai bientôt qu'il était complètement impossible que les murs eussent été construits en briques, car ils s'étaient effondrés sous la poussée du sable et l'on voyait parfaitement qu'ils avaient été construits en terre battue : on pouvait couper cette terre battue sans rencontrer trace de briques et l'on en taillait des morceaux énormes dans lesquels on ne remarquait aucune de ces solutions de continuité où aurait dû se trouver le mortier unissant ensemble les diverses briques l'une à côté de l'autre. Il me fallut donc constater que les murs n'étaient pas construits en briques, mais bien en terre battue, ce qui n'était pas fait pour me déplaire. Cependant, vers la fin du monument il me fut aussi impossible de ne pas voir que les murs avaient été bâtis en mauvaises briques, faites très grossièrement, placées l'une près de l'autre en des lits sommaires, mais où l'on distinguait facilement cette solution de continuité dont je parlais tout-à-l'heure. Il faut donc admettre que la construction n'était pas homogène et qu'elle avait été faite à l'époque où les hommes habitués à construire leurs maisons en terre battue commençaient déjà d'employer la brique, car il n'est pas vraisemblable que ces mêmes hommes, connaissant par une expérience suffisante les avantages de la brique sur la terre battue, aient voulu continuer d'employer celle-ci et négliger celle-là. Que si l'on m'objectait que les maisons des fellahs sont encore construites en terre battue, je répondrais que pour le cas présent il ne s'agit pas de fellahs, mais de rois ; qu'il ne s'agissait pas de bâtir une de ces demeures temporaires qui peuvent être détruites et rebâties autant de fois que le voudra le possesseur, mais de ces demeures d'éternité que l'on devait rendre aussi stables que possible.

Toutefois je ne pouvais m'empêcher de voir assez souvent que par dessus les murs en terre, il y avait une partie de lits de briques, superposés quelquefois au nombre de trois, quelquefois de quatre, rarement plus et souvent moins ; que ces lits de briques ne pouvaient être attribués à une époque très ancienne car elles étaient très dures, très compactes et de grandes dimensions, quoique l'épaisseur en fût variable, tandis que les briques des tombeaux anciens étaient de fort petites dimensions. Il devait y avoir eu, pensais-je, restauration à une époque quelconque, et la preuve m'en fut apportée multiple. Tout d'abord ces murs en briques n'étaient pas entièrement homogènes : en de rares occasions on y avait joint des pierres qui avaient été cimentées avec les briques. En outre, il était parfois visible que l'on avait étendu le crépissage sur les lits en briques ajoutés aux murs plus anciens ; d'autres fois, certaines parties des murs qui avaient été refaites, sans doute parce que tombées, avaient bien reçu le crépissage en terre, mais non pas le lait de chaux par dessus le crépissage. En plus encore, dans une ou deux chambres, on avait soit fait deux sols en terre, l'un au-dessus de l'autre, ce qui peut toutefois s'expliquer par des mesures mal prises au moment de la construction, soit réparé des défauts du mur primitif, lesquels s'étaient montrés dans les parties inférieures du mur occidental, en introduisant des briques dans les défectuosités et en consolidant ainsi le mur qui sans cela aurait pu s'écrouler. Enfin, dans un nombre encore assez grand de chambres, lorsqu'un mur avait cédé et s'était tassé, et que, par suite de ce tassement, il ne se trouvait plus au niveau des autres murs, comme il aurait fallu appuyer les soliveaux sur ce mur trop bas, on l'avait rehaussé au moyen de lits de briques plus ou moins mauvaises, de manière à loger l'une des extrémités des soliveaux dans le mur nouveau, pendant que l'autre était appuyé sur le mur ancien bâti en terre. Il n'y avait donc pas à le nier ; à une époque donnée, inconnue peut-être, on avait senti le besoin de restaurer un monument qui n'était plus en bon état, et on l'avait fait à la manière égyptienne en se contentant de faire grossièrement les grosses réparations, sans prendre soin de faire concorder les nouveaux matériaux avec les anciens, sans même juger utile d'employer des matériaux homogènes, car non seulement on avait mélangé les deux types de briques, mais encore les pierres avec les briques par dessus la terre battue.

S'il y avait eu ainsi restauration, et il me semble impossible de le nier, ne pourrait-on point parvenir à savoir quand aurait eu lieu cette restauration ? On peut tout au moins parvenir à la connaître avec une assez grande ressemblance, car nous possédons un texte curieux qui vraisemblablement se rapporte à ce monument et que je demande la permission de rappeler en quelques mots. Dans la grande inscription dédicatoire du temple d'Abydos composée en l'honneur de Ramsès II, il est raconté que ce puissant Pharaon, dans un voyage qu'il fit à la ville sainte d'Osiris, avait trouvé les tombes anciennes dans le plus triste état : il avait fait rassembler tous les officiers dans les attributions desquels rentrait le soin de ces tombes et leur avait enjoint de restaurer les tombeaux. L'inscription ajoute qu'il en fut ainsi. D'ordinaire on entend par *tombes anciennes*, les tombeaux des rois formant les deux premières dynasties ; mais cette explication ne peut être que probable, pour la bonne raison qu'on n'a pas encore trouvé les tombes royales de ces deux premières dynasties, à moins que l'on n'admette, comme l'ont fait certains de mes confrères, surtout en Angleterre, que j'ai eu la bonne fortune de trouver ces tombeaux, et en ce cas les paroles de Ramsès II s'appliqueraient aux tombes que j'ai découvertes et la restauration serait prouvée. Mais je ne crois pas avoir trouvé les tombes royales des deux premières dynasties, et ma principale raison pour ne pas le croire, c'est que j'ai trouvé des bannières royales, pour employer l'expression ordinaire, en trop grand nombre pour qu'elles puissent s'appliquer avec certitude aux souverains de ces deux dynasties initiales, et il me semble que je n'ai aucune raison pour abandonner aujourd'hui l'hypothèse que j'ai énoncée l'année dernière dans ma première brochure sur les *nouvelles fouilles d'Abydos*. On peut tout aussi bien expliquer les paroles employées par le scribe rédacteur de l'inscription dédicatoire dans le sens de dynasties antérieures aux dynasties historiques, car la tradition classique nous parle de ces dynasties et jusqu'ici, si rien ne prouve que ce soient elles qui aient été enterrées à Omel Ga'ab, rien n'est venu prouver que ce ne sont pas elles. A plus forte raison l'expression employée peut-elle s'appliquer à ces anciennes dynasties dont les historiens nous ont seulement mentionné l'existence sans prendre le soin de nous donner les noms des rois qui les avaient composées. Ce qu'il y a de certain, c'est que les tombes que j'ai explorées pendant l'hiver 1895-1896 n'avaient en aucune façon été restaurées, car il n'y a aucune trace de travaux postérieurs, et j'ajoute que, vu la constitution de ces tombes, elles n'en avaient aucun besoin. Et cependant Ramsès II assure dans son inscription avoir fait restaurer les demeures des générations passées ; s'il les a fait restaurer, c'est qu'elles en avaient besoin, et si elles en avaient besoin, c'est que leur construction n'avait pas été assez solide, soit par insuffisance des matériaux employés, soit par suite du mauvais état de la toiture. Or, les deux causes existaient pour le monument que j'ai fouillé cette année : les matériaux employés, à savoir la terre battue et les briques grossièrement et primitivement faites, avaient cédé et le monument en entier avait reçu une toiture en bois. Pour ces deux raisons donc, il est très possible que le monument mis à jour cette année soit celui dont il est question dans l'inscription dédicatoire. Il ne faudrait pas que l'expression vague dont s'est servi le scribe fût une objection contre l'application de ce texte au monument que j'ai fouillé, car, ainsi que je le dirai par la suite, je n'ai trouvé que deux cadavres dans la seconde partie du monument : on sait en effet que les Égyptiens, comme tous les peuples orientaux, aimaient les expressions vagues et hyperboliques. D'ailleurs, à la prendre au pied de la lettre cette expression peut parfaitement s'appliquer aux deux cadavres rencontrés. Je croirais donc assez volontiers que le monument dont il s'agit a été restauré à l'époque de Ramsès II.

Je pourrais ici faire valoir d'autres circonstances qui toutes tendraient à montrer que la restauration eut lieu vers cette époque ; je me bornerai à parler de la pierre sur laquelle il y a le commencement d'un protocole royal. Les quelques mots qui s'y trouvent sont identiques au commencement du protocole gravé sur les colonnes de la seconde salle hypostyle du temple de Séti Ier à Abydos : il peut sans doute se rencontrer à d'autres époques ; mais il me semble que, puisque la nécropole est celle d'Abydos, il faut d'abord tenir compte du lieu où la pierre a été trouvée. Je dois cependant observer ici que cette pierre, la seule qui ait été rencontrée portant des caractères dans le monument que j'ai fouillé, me semble avoir été apportée d'ailleurs, car je n'en ai pas trouvé l'emplacement dans le monument tout entier qui ne comportait pas une seule inscription.

Quant à la manière dont fut faite cette restauration, ce que j'ai déjà dit montrera suffisamment qu'elle fut entendue à la manière égyptienne, c'est-à-dire qu'elle ne porte que sur le strict nécessaire sans préoccupation de beauté, d'art ou de quoi que ce soit approchant. Il resterait à savoir si les pièces de bois de sycomore formant les soliveaux datent de la restauration ou lui sont antérieures. Il me semble fort difficile de répondre à cette question ; cependant peut-être est-il possible d'apporter quelques observations qui feront pencher la balance de tel ou tel côté. D'abord, il est indubitable que les soliveaux en bois de sycomore étaient en bon état lorsque se fit la spoliation du VIe siècle de notre ère, et treize siècles d'enfouissement dans le sable les ont rendus complètement desséchés ; il est vrai qu'ils avaient à supporter une lourde charge. Ce premier point noté, je dois rappeler ici que les murs des chambres ayant eu besoin de réparation, puisque par dessus les murs anciens on a élevé des murs en briques sur lesquels on a appuyé les extrémités des soliveaux, il est plus que probable que les soliveaux primitifs étaient tombés à terre. De ce fait, on comprend très bien l'état lamentable dans lequel se trouvait le monument lors de la visite de Ramsès II. A cela on peut objecter que cette manière de couvrir les chambres n'était plus en usage à l'époque de Ramsès II ; mais on peut répondre que le restaurateur fut obligé de se conformer au plan primitif du monument, car autrement ce n'aurait pas été une restauration, mais bien une construction. En admettant donc que les soliveaux soient de l'époque de Ramsès II, on a tout le temps nécessaire pour qu'une semblable pièce de bois puisse à peu près tomber en poussière, car en datant le règne de Ramsès II du XIVe siècle avant notre ère, on a près de trente quatre siècles pour consommer leur ruine, temps bien suffisant. D'ailleurs si l'on tenait à ce que ces soliveaux fussent plus anciens, je n'y contredirais point : ce que je tiens à prouver, c'est que les soliveaux datant ou non de l'époque primitive — cette époque ne remonterait pas à moins de soixante quinze siècles dans l'hypothèse qui m'est la moins favorable, chiffre supérieur à celui qui est nécessaire — le restaurateur s'en tint à ce qui existait avant lui et n'innova point. Pour un prince qui construisait des temples entiers en beau calcaire, rien n'était plus facile que de construire un monument en pierres, calcaire, grès ou même granit, à la mémoire des *pères de ses pères*, comme il l'a dit lui-même. Il ne l'a pas fait. C'est donc qu'il a respecté le monument primitif. Ce que je dis ici de Ramsès II s'appliquerait aussi bien à tout autre Pharaon qui serait l'auteur de cette restauration. Si je me suis ainsi étendu sur ce sujet, c'est à cause de l'importance du monument et aussi des conclusions que je m'efforcerai bientôt d'en tirer.

II

Le terrain ainsi déblayé, je vais maintenant décrire ce monument en partie double, et, afin de mettre mieux le lecteur à même de suivre cette description, je donne ici le plan de ce monument d'une manière aussi exacte que possible, mais non pas absolument exacte, car le lecteur jugera bientôt par lui-même qu'un plan exact était complètement impossible dans les circonstances données.

La montagne ayant été creusée dans toute la profondeur qu'on avait voulu donner au monument, et cela non pas dans le sable, mais dans la couche consistante de grès siliceux qui la compose à une certaine profondeur, on avait construit le monument. Ce monument se compose de deux parties accolées l'une à l'autre et séparées par un mur transversal qui n'a aucune ouverture, ce qui ne saurait être une raison pour rejeter l'unité du monument, car nous trouverons dans la seconde partie des chambres qui n'avaient aucune ouverture pour communiquer avec les autres appartements. La première partie se compose de 37 chambres dont 30 sont réparties sur trois lignes à peu près parallèles et séparées entre elles par deux corridors. Au nord, se trouvait une entrée donnant sur la chambre 3. Cette ouverture devait être précédée d'un couloir construit peut-être en plan incliné[1]; ce couloir était complètement ruiné, rempli de briques et de terre battue. Les spoliateurs l'avaient entièrement bouleversé. S'il n'avait pas été construit en plan incliné, il faudrait dès lors avancer qu'on y descendait de la montagne comme on pouvait, ce qui ne doit point surprendre quand on connait les habitudes égyptiennes, car c'est ainsi que l'on descendait les momies dans des tombes qui n'avaient d'autre entrée que des puits profonds de cinq à dix mètres et plus. Une fois entré, on avait à droite deux chambres marquées par des pilastres élevés dans les murs nord et sud. La première de ces chambres marquée 1 sur le plan parce qu'elle fut la première déblayée, était située au nord-ouest du monument; la seconde se trouvait en face du corridor qui existe entre les deux rangées de chambres parallèles; la troisième était située en face de la seconde rangée de chambres et contenait la porte d'entrée; la quatrième était en face du second corridor et la cinquième était la dernière au nord-est[2]. Le second corridor avait le mur occidental d'une seule venue et ne présentant qu'une seule ouverture jusqu'à la fin où, la présence du mur sud barrant le chemin, on avait laissé une porte pour pénétrer dans les chambres occidentales. Ce mur n'avait pas été construit régulièrement, c'est-à-dire perpendiculairement de l'ouest à l'est, ce qui fait que les chambres qui se trouvaient le long de ce corridor et le corridor lui-même allaient toujours en diminuant de longueur ou de largeur. Le contraire se produisait sans doute pour le corridor ouest et les deux rangées de chambres occidentales : je dis sans doute parce que le mur avait reçu une telle poussée et s'était tellement tassé que l'on ne pouvait plus guère prendre de dimensions exactes.

1. Si je dis *peut-être en plan incliné*, c'est que nous rencontrerons plus loin la même disposition pour l'entrée de la seconde partie au sud.

2. Le monument était presque orienté : le mur que je nomme ici nord-est, faisait réellement avec le nord magnétique un angle de 18° et devrait porter le nom de mur nord ; mais comme le mur sud-ouest est parallèle à la montagne occidentale qui n'est éloignée que de 400 à 500 mètres, les indigènes appelaient ce mur le mur ouest et j'en ai pris l'habitude que je conserve dans cette brochure, tout en faisant observer au lecteur la véritable position.

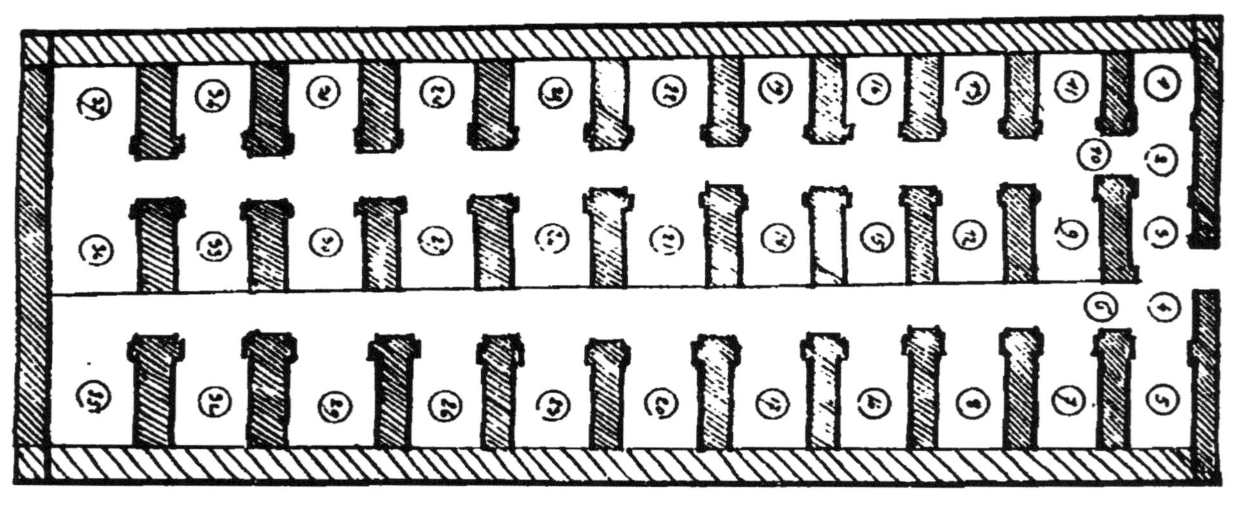

PLAN DE LA PREMIÈRE PARTIE DU MONUMENT

Le hasard des fouilles m'amena à commencer par la chambre occidentale qui porte le numéro 1 sur le plan ; puis je déblayai toutes les chambres situées dans la largeur du monument. Rendu à l'extrémité orientale, j'adoptai le parti de déblayer d'est en ouest les chambres et les corridors successifs, ce qui fait qu'à partir de la chambre 7 tous les numéros se suivent d'est en ouest. Je ne veux aucunement m'attacher à répéter ici les mesures fournies par le monument : le lecteur en aurait bien vite assez et d'ailleurs la nomenclature serait monotone, car presque toutes les chambres ont sensiblement les mêmes mesures. Je me contenterai donc de donner des mesures moyennes, me réservant de donner les mesures telles que je les ai prises pour chaque chambre dans un ouvrage spécial.

La hauteur moyenne du monument est de $2^{m}40$ environ. En général, les chambres situées à l'est avaient de $2^{m}20$ à $2^{m}40$ de largeur, ce qui donnait la largeur du mur est ; les murs nord et sud qui étaient censés parallèles étaient longs de $2^{m}50$ environ, jusqu'à une sorte de saillie que présentait le mur et qui avait de $0^{m}60$ à $0^{m}80$ de longueur et se terminait par un retrait ce qui faisait comme une sorte de pilastre sur la face nord et la face sud des murs intérieurs de la chambre. Ce dispositif avait été voulu et recherché, les hommes de cette époque ayant déjà le sentiment de l'art sous les formes les plus élevées, architecture, sculpture, etc., et ayant à leur service une industrie déjà très avancée. Ces deux pilastres qui se regardaient l'un l'autre avaient pour complément d'autres pilastres situés sur la face ouest des mêmes murs, si bien que le mur du sud à son extrémité présentait un triple pilastre l'un au nord de ce mur, à l'extérieur de la chambre, le second à l'ouest regardant le corridor, le troisième au sud à l'intérieur de la chambre et regardant le pilastre nord du mur sud de cette même chambre. De ce dispositif, il résultait que le mur était beaucoup plus large à l'entrée qu'au fond de la chambre : cela découle naturellement de l'observation que je viens de faire, mais encore les murs avaient été intentionnellement bâtis de manière à diminuer d'épaisseur à mesure qu'on approchait du fond en partant de la saillie, si bien que la largeur de la chambre était plus grande au fond que près des deux saillies qui constituaient les pilastres. La largeur du corridor était d'environ 2 mètres. Aucun des murs n'était de dimensions exactement égales à celles du mur précédent ; de même les saillies et les retraits présentaient des différences fort sensibles et l'on saisit sur le fait ce qui nous semblera le vice originel de l'architecture égyptienne, à savoir le manque de symétrie dans les parties semblables d'un même monument.

Pour les chambres situées à l'est et à l'ouest du corridor occidental, il en était de même quant au plan et quant à la disposition des chambres. Les premières avaient de 2m 30 à 2m 40 de largeur, les murs nord et sud avaient de 3m 30 à 3m 40 de longueur avant les saillies longues de 0m 50 à 0m 60 environ. Au milieu, le corridor avait plus de 2 mètres de largeur. Les chambres de l'ouest avaient des mesures à peu près égales. Elles étaient bâties avec toute l'inconséquence des tâtonnements primitifs du dispositif adopté. Tous les murs dans les chambres entourant le corridor occidental, comme dans celles ouvrant sur le corridor oriental, étaient construits inégalement : ils rentraient, surplombaient, ressortaient un peu au petit bonheur, soit qu'il faille en attribuer la cause à la charge du sable pendant des siècles, soit bien plutôt à l'impéritie des constructeurs Les montants des pilastres eux-mêmes offraient des différences de mesures très sensibles : tel montant mesurait en effet 0m 55 en haut, 0m 56 au milieu et 0m 57 en bas. Ce qu'il y a de plus grave, c'est que les murs sud et nord des chambres ouvrant sur le corridor occidental n'étaient pas vis à vis les unes des autres et qu'il y avait parfois une différence de 0m 20, cela dans des chambres à peu près intactes. Tout concourt donc à montrer que les constructeurs étaient encore novices dans l'art de construire un monument architectural, bien qu'ils eussent déjà une certaine expérience des poussées qui devaient résulter du sable ainsi que nous le verrons plus tard.

Les premières chambres étaient relativement bien conservées ; mais à partir de la chambre 20, c'est la démolition qui se montre le plus souvent et presque toujours. Les murs ont subi d'énormes poussées, quelques-uns ont été démolis presque totalement, si bien qu'il a été impossible de prendre des mesures exactes. C'est en examinant ces poussées que je me convainquis que la matière employée pour la construction n'était pas de la terre moulée en briques et séchée au soleil, mais simplement de la terre battue. Ces poussées ont eu l'avantage de recouvrir une partie du mobilier de la chambre et par conséquent de le conserver : si elles n'eussent pas joué le rôle d'agent conservateur, je n'aurais absolument rien trouvé d'intact, sauf des vases en métal. Elles ont donc été les bienvenues pour moi Certaines avaient été tellement fortes que la chambre n'avait plus que 1 mètre 30 ou même 1 mètre de largeur, quand les murs ne s'étaient pas rejoints comme cela était arrivé pour quelques chambres de la deuxième partie du monument. Le sol des chambres était en terre battue comme les murs.

Lorsque le mur ouest du corridor est avait atteint la 35e chambre, il s'arrêtait avant de rejoindre le mur sud qui, de cette chambre à la 37e barrait tout le passage. Il y avait de ce chef une porte large de 1m 13 qui donnait entrée dans la chambre 36 ; de cette chambre 36 on passait dans le corridor ouest et l'on pénétrait dans la chambre 37. Et là, s'arrêtait brusquement la première partie du monument. La largeur initiale qui était de 14m 805 ne se trouvait plus être à la fin que de 13m 80 : on avait donc perdu un mètre de largeur en chemin. Le mur est faisait avec le nord magnétique un angle de 19° 45' : le mur ouest faisait de même un angle de 18° 90'. Rien ne pouvait mieux témoigner de l'irrégularité des murs que ces mesures, soit qu'on la doive attribuer aux erreurs des architectes, ou l'imputer à la nature du terrain.

La seconde partie du monument débute par une particularité très curieuse : quoique les murs est et ouest continuent dans le sens longitudinal, les chambres intérieures sont en retrait d'environ 0m 50 sur chaque côté, si on poussait la marche du nord au sud. L'entrée de cette seconde partie était au sud, et à l'extrémité sud la largeur qui est d'environ 12m 80 près du mur qui terminait la première partie n'est plus que de 8 mètres exactement. Cela montre que la seconde partie du monument allait en s'élargissant contrairement à la première. D'ailleurs tout montre que pour cette seconde partie l'entrée était bien au sud, car à mesure que l'on avance les provisions destinées aux morts se multiplient et dans la dernière chambre du côté est j'ai trouvé deux cadavres. Cette disposition prouve bien, je crois, que les chambres où étaient ces cadavres devaient être les dernières, car jamais les Egyptiens de l'Ancien Empire n'ont construit des tombeaux aussi vastes pour déposer le cadavre du mort dans la chambre où l'on entrait, mais ils l'ont toujours déposé dans les salles les plus reculées ou dans des puits spécialement creusés pour servir à cet usage.

Le plan de cette seconde partie du monument est bien loin de la simplicité que l'on a pu remarquer dans celui de la première partie. Sans doute l'architecte n'avait pas été bien sûr de lui-même, n'avait pas bien pris ses mesures, ou il avait cherché la bizarrerie dans le plan, ou bien encore ce qui nous parait bizarre lui avait paru naturel en vue du but qu'il poursuivait, but que nous ignorons, car on ne peut guère s'arrêter à la pensée qu'il avait cherché à cacher les cadavres, comme on le croit généralement, à tort selon moi, pour les époques suivantes, puisque tous les tombeaux étaient ouverts, sinon à tous ceux qui auraient voulu y entrer, du moins à la famille et à tous ceux qui avaient été chargés de rendre aux morts les divers devoirs du culte funéraire. On entrait dans cette seconde partie du côté sud par une porte large de 1^{m} 03 qui permettait de descendre par un plan incliné bâti en briques presqu'au niveau des chambres. Cette porte n'était pas située au milieu de la largeur, mais à 3^{m} 62 du mur est et seulement à 3^{m} 35 du mur ouest. Elle était cependant beaucoup plus régulière que la porte nord. S'il fallait juger de la partie nord-est d'après la partie nord-ouest, je devrais dire que cette porte et le plan incliné qui la suivait formaient un corridor menant au sol des chambres et qu'il y avait deux chambres à l'est comme à l'ouest, où l'on serait entré à l'extrémité de ce corridor par une porte existant à cet effet en face de celle qui conduisait dans les chambres de l'ouest; mais l'état dans lequel se trouvent actuellement ces deux chambres est si ruiné qu'on ne peut aucunement affirmer que ce côté est était sur ce point symétrique au côté ouest. On ne peut en effet aucunement distinguer une trace quelconque de murs dans la chambre 2 et c'est dans la chambre 3 que les murs est et ouest

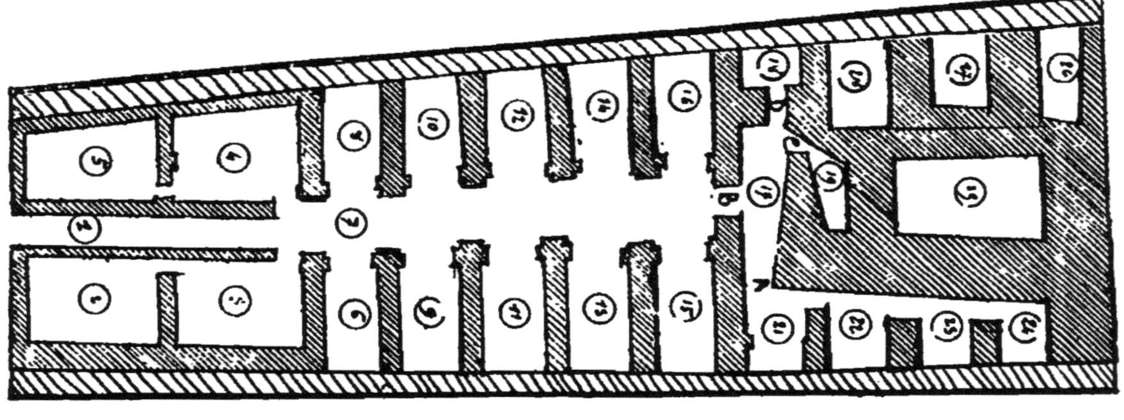

PLAN DE LA SECONDE PARTIE DU MONUMENT

subi une telle poussée qu'ils ont glissé l'un vers l'autre et t venus presque se rejoindre. De plus, les spoliateurs qui ore ici avaient suivi le même chemin que j'ai fait moi-même avaient continué leur ..arche du nord au sud, n'ayant sans te rien trouvé de précieux dans les chambres précédentes ayant vu que celle-ci était ruinée avaient creusé une ichée au milieu de la chambre pour voir si par hasard on arait pas enfoui sous terre les objets qu'ils recherchaient avaient complètement ruiné cette chambre, si elle ne l'était avance. Du côté ouest, les chambres 4 et 5 étaient plus cieuses que les suivantes, à l'est comme à l'ouest; elles ient ceci de particulier qu'on pénétrait d'abord dans la mbre 4 par une porte située à l'est et ouvrant sur le ridor 1; puis dans la chambre 5 par une porte située au d et ouvrant sur la chambre 4; puis que le mur ouest de chambre 4 et le mur ouest et sud de la chambre 5 étaient istruits en talus, comme pour prévenir les poussées du le. Après cette première série de chambres, vis-à-vis du mier corridor s'ouvrait un second corridor sur lequel donent les portes d'une autre série de chambres, les unes à t, les autres à l'ouest, comme dans le corridor occidental la première partie du monument; elles étaient au nombre dix, cinq de chaque côté, et étaient construites de la même nière que dans la première partie du monument. Le plan cette seconde partie du monument différait donc déjà ucoup de celui de la première partie: les chambres ient plus longues et plus larges que celles de la première rtie; mais en revanche elles étaient moins nombreuses, isqu'il y manquait le corridor est et toute la rangée de ambres situées à l'Orient. Elles étaient tout aussi irrégulièment bâties que les autres, et elles étaient de même avertes en bois.

Au bout du corridor portant le chiffre 7 sur le plan, s'ouvrait e porte murée par les spoliateurs: la partie inférieure de te porte qui était large de 0m 97 avait été bouchée par des ques jusqu'à une hauteur de 1m 15, et ces briques formaient ux murs dont le plus haut était en retrait sur l'autre de 0m 45. r dessus le second mur s'en trouvait un troisième en pierres brutes, mélangées de briques et au milieu de ces pierres se trouvaient deux soliveaux qui s'appuyaient sur elles par l'une de leurs extrémités, pendant que l'autre reposait sur le mur sud de la chambre 19 situé en face, ou sur le mur nord de la chambre 17, ce qui revient au même. C'est une preuve évidente, je crois, que ces soliveaux datent de l'époque de la restauration et non du temps de la construction de l'édifice. Cette porte B ouvrait sur une chambre 17, ayant trois autres ouvertures, l'une la porte A pour mener dans les chambres orientales, la deuxième C menant à une chambre occidentale et la troisième D donnant entrée sur une chambre septentrionale. Cette chambre septentrionale, ou chambre 19, était située au sud d'une chambre de construction particulière dont il sera bientôt question : elle était d'une petite dimension par rapport aux précédentes et très irrégulièrement bâtie. La chambre située à l'ouest dans laquelle on entrait par la porte C, ou chambre 18, était d'une largeur de 2m 15 qui aurait été celle des chambres 17 et 19 réunies, s'il y avait eu symétrie. Par la porte A on entrait dans un corridor situé à l'est et sur lequel s'ouvraient les chambres portant les numéros 21, 22, 23 et 24. Elles étaient bâties comme les autres, avec cette seule différence qu'elles étaient un peu plus étroites et n'avaient ni saillies, ni pilastres, puisqu'elles n'avaient guère qu'une largeur la chambre 21 de 2m 10, la chambre 22 de 2m 20, la chambre 23 de 1m 80 et la chambre 24 de 1m 45. Le corridor 20 avait une largeur, oscillant entre 0m 80 et 0m 96. La chambre 24 avait une construction particulière : elle était divisée en deux parties par une saillie du mur nord et du mur sud, à 0m 77 à partir du corridor : cette saillie du mur nord était de 0m 14 et le montant avait 0m 44 de largeur, puis après un tout petit retrait de 0m 06, le mur continuait jusqu'au mur est pendant 1m 19. Le mur sud était presque complètement démoli depuis la saillie jusqu'à la porte, ce qui a empêché de prendre des mesures exactes.

Cette chambre 24 aboutissait au mur finissant le tombeau, mur mitoyen entre la première et la seconde partie du monument. Le mur ouest du corridor occidental fermait toute communication avec les chambres situées à l'ouest de ce corridor. De même il y avait au nord de la chambre 19 un mur qui fermait semblablement tout accès à la chambre 25 au nord et aux chambres 26, 27 et 28 au nord-ouest, lesquelles étaient aussi complètement indépendantes les unes des autres qu'elles l'étaient de la chambre 25 qui occupait le milieu du tombeau en largeur.

Cette chambre 25 présentait une construction remarquable. Les murs dans la partie supérieure étaient primitivement en terre battue, puis ils avaient été restaurés en briques mélangées avec des pierres ; dans leur partie inférieure, sur une hauteur de 1m 78, ils étaient construits en pierres calcaires taillées, rentrant, surplombant, laissant voir entre elles des joints d'une épaisseur extraordinaire. Les murs est et ouest de cette chambre avaient respectivement 5m 30 et 5m 35 ; les murs nord et sud 3m 25 et 3m 18 ; d'où l'on peut voir que la construction était loin d'être régulière. Cette chambre était pavée en pierres calcaires d'inégales dimensions ; voici les mesures de deux d'entre elles : longueur 1m 08, largeur 0m 50, épaisseur 0m 18 et longueur 1m 01, largeur 0m 55 et épaisseur 0m 18. Les spoliateurs n'avaient pas laissé échapper l'occasion de montrer qu'ils étaient passés par là ; outre qu'ils avaient tracé au charbon une grande croix sur le mur sud, ils avaient enlevé une grande partie du pavé pour voir si l'on n'avait rien caché par dessous et, comme vraisemblablement ils n'avaient rien trouvé, ils n'avaient pas achevé leur œuvre. Les murs en terre qui s'élevaient au dessus des murs en pierres et qui avaient 1m 80 de hauteur en certains endroits où l'œuvre de destruction les avait laissés intacts, étaient bien loin d'être homogènes. Tout d'abord cette hauteur de 1m 80, et bien plus celle du mur est qui atteint 2m 10, ajoutée à la hauteur des murs en pierres, soit 1m 78, montre que cette chambre 25 était beaucoup plus profonde que celles que nous avons vues passer jusqu'ici sous nos yeux, puisqu'elle avait au moins 3m 58, sinon 3m 88 de profondeur. Les murs en briques étaient posés en retrait sur les murs en pierres de 0m 40. Le mur nord qui avait 3m 60 de longueur était large de 1m 20 à l'angle nord est, de 0m 89 au milieu et de 0m 72 à l'angle nord ouest ; c'est sans doute que le mur avait été ruiné en partie et remplacé par un autre mur en briques lors de la restauration, car on voit encore les briques. A l'est, le mur en terre battue existe sur toute la longueur et n'a été restauré que dans la partie supérieure. Au sud, le mur en pierres était recouvert d'un mur en briques mélangées de quelques pierres et très irrégulièrement construit. Tout d'abord, à partir du mur est, il affecte une forme assez régulière et est en retrait de 0m 08 sur le mur en pierres, puis il se retire et finalement il arrive en diagonale et dépasse le mur en pierres à l'angle sud-ouest. Le mur ouest est dans un état lamentable ; on l'a restauré jadis avec des briques en trois endroits différents, et les deux murs ont été presque complètement démolis lors de la spoliation. Pour achever la description matérielle du monument, je dois ajouter que, du côté ouest la chambre 25 avait pour voisines les chambres 26, 27 et 28 complètement ruinées et n'ayant aucun moyen de communication entre elles.

III

Ces deux parties d'un même monument n'étaient pas complètement vides, quoiqu'elles eussent été saccagées du mieux qu'il avait été possible : il me faut maintenant décrire en partie les objets que j'y ai trouvés.

Ici une observation préalable doit être faite. Il semble qu'on ait consacré telle ou telle chambre de la première partie à telle ou telle offrande en particulier et certainement toute une série de chambres de la seconde partie avaient été remplies de céréales ou de fruits, ainsi que j'aurai l'occasion de le dire bientôt. Il serait bien surprenant en effet que le hasard d'une spoliation hâtive eût réuni dans un même endroit un nombre relativement grand d'objets de la même espèce, comme des haches en métal ou des silex, et jusqu'à des vases au nombre de plus de 200, placés les uns dans les autres à une épaisseur de 17 unités. Il serait plus surprenant encore que les silex se soient trouvés dispersés les uns dans le sable qui recouvrait une chambre particulière, les autres dans cette même chambre au nombre de 600 environ, si cet endroit n'avait pas été destiné à les recevoir, et que dans toutes les autres chambres on n'en ait pas trouvé plus d'une centaine le plus souvent jetés dans la couche de sable supérieure. Enfin, à l'inspection du terrain au fond des chambres, on reconnaissait facilement que le mobilier d'une chambre avait été laissé à peu près tel qu'on l'avait trouvé, parce qu'il n'offrait aux pillards aucun butin dont ils pussent aisément se servir pour un dessein quelconque ou qu'ils pussent employer aux usages ordinaires de la vie, car le temps où l'on employait des vases en pierre dure était passé depuis des siècles et l'on préférait la terre cuite. Dans la seconde partie, évidemment les grandes caisses en bois remplies de céréales ou de fruits indigènes avaient été placées à dessein ; de même aussi les poteries qui remplissaient les chambres grandes ou petites. Je regarde donc comme prouvé que chaque chambre avait sa destination particulière, les unes consacrées à certains objets particuliers, les autres au contraire contenant un mobilier complet en pierre dure, albâtre, brèche, porphyre, etc., ou même en métal.

Les fouilles de la partie supérieure de la couche de sable allant de la surface de la dépression jusqu'aux murs anciens des chambres, n'ont pas fourni un seul objet intact, si ce n'est quelques couteaux en silex d'un travail vraiment merveilleux et d'une grandeur plus qu'ordinaire. Tous les autres objets trouvés sont fragmentaires, et les fragments d'un même vase ont été rencontrés à une assez grande distance les uns des autres, sans compter que le bas des chambres a fourni des fragments appartenant indubitablement à des vases trouvés en haut. Aussi dès les premiers jours de fouilles à la surface, je trouvai le pied d'une table que j'ai tout lieu de croire en marbre bleu veiné de blanc, et un certain nombre de fragments de la circonférence ; je retrouvai deux autres fragments de cette circonférence dans les chambres 21 et 22 et un fragment du pied tout à la fin des fouilles de la première partie. Presque toutes les tables que je possède ont été trouvées dans la couche supérieure, les unes complètes dans leur état fragmentaire, les autres malheureusement incomplètes. Il y en avait de presque toutes les pierres, en albâtre, en marbre, en calcaire, en brèche, etc.; l'une d'elles malheureusement incomplète, car la partie centrale est absente, est en calcite, et pour qui sait combien cette pierre se désagrège facilement, il est complètement impossible de ne pas tomber en admiration devant le travail patient et habile qui a su mener à bonne fin la taille difficile de ce meuble. J'ai environ dix de ces tables. Il y en a de deux espèces : celles qui appartiennent à la première sont rondes et sans pied; celles qui appartiennent à la seconde sont rondes avec un pied évasé, placé au centre de la table. Ce pied est creux et devait s'adapter sur un support, comme l'on voit les tables de l'Ancien-Empire sur les bas-reliefs. Les vases sont de toutes les formes et de toutes les matières. La plus simple inspection des fragments suffit à montrer que les hommes qui les firent savaient non seulement apprécier les beautés de la forme, mais aussi la beauté des pierres, et trouver l'endroit où les veines étaient les plus belles et faisaient mieux ressortir le travail de l'ouvrier. Parmi les matières trouvées dans la couche supérieure de sable, je ne dois pas oublier le cristal de roche : un jour, c'était le 2 janvier 1897, un ouvrier trouva un fragment de vase en cette matière qui portait une inscription en deux rectangles dont l'un était surmonté d'un épervier, ce qui constituait une bannière royale, pour employer cette expression surannée, et par surcroît de bonheur cette bannière complètement inconnue est l'une de celles qui se trouve sur l'épaule droite de la statue archaïque du musée de Gizeh, numéro I. On trouva aussi dans cette même couche de sable, d'autres objets d'une nature très particulière, des perles en cornaline et d'autres en porcelaine émaillée. La présence de cette dernière ne laissa pas que de m'étonner et de me rendre perplexe, surtout quand le hasard du travail eut mis entre mes mains de petits cubes rectangulaires en même matière et des fragments d'objets inconnus jusqu'à ce jour.

Je rencontrai aussi dans cette même couche quelques poteries d'aspect plus récent, dont l'une avait encore au col, passée entre deux oreilles, une corde qui avait sans doute servi à la porter. Ce sont des sortes d'amphore qui n'ont jamais pu être tenues en équilibre, à moins d'être enfoncées dans le sable :

elles ont un orifice d'un col très étroit; autour du col sont opposées deux grandes oreilles et immédiatement après les oreilles la panse du vase commence, large d'abord avec les marques de tours de la roue du potier qui les a façonnés pour diminuer ensuite jusqu'à ce que le vase ne se pose plus que sur une toute petite pointe. On attribue d'ordinaire ces vases à l'époque romaine : je le veux bien, mais alors comment se fait-il que je les aie rencontrés dans un monument où je n'ai trouvé nul autre objet appartenant, je ne dis pas à l'époque romaine, mais à une époque autre que celle du plus ancien Empire. Quelques-uns des vases rencontrés dans cette couche supérieure, comme aussi d'ailleurs dans l'intérieur des chambres renfermaient du crotin d'âne, signe que les plus riches parmi les spoliateurs se rendaient sur le théâtre de leur spoliation montés sur l'animal qui sert toujours de monture en Egypte, tout comme le font encore les *reis* des fouilles, pour peu qu'ils soient affairés. Je ne dois pas oublier non plus que je rencontrai dans cette même couche cinq ou six objets à peine dégrossis, ayant les uns la forme d'un cylindre, les autres celle d'une calotte sphérique : j'en reparlerai plus loin Je dois aussi dire que, parmi les fragments de vases trouvés, quelques-uns portaient des inscriptions. Ces inscriptions ont une apparence d'époque historique, mais comme ils contiennent des titres qui sont usités seulement pendant l'Ancien Empire et dont quelques-uns sont inconnus, on ne peut, je crois, en tirer un argument pour ou contre l'âge du monument que j'ai mis au jour. Enfin, dans toute la couche supérieure de sable, en haut comme en bas, je rencontrai une foule de vases assez grossiers ou même très grossiers, dont quelques-uns seulement accusaient un travail habile ; la grande majorité était en albâtre, un dixième seulement en calcaire. A peine creusés, ils affectent toutes les formes allongées et ont toutes les dimensions. J'en ai recueilli environ 700, sans compter ceux qui étaient brisés et que j'ai réduits en miettes afin que les fellahs ne fussent pas tentés de revenir les chercher pour les vendre aux touristes. Quelques-uns seulement étaient de grande stature et avaient une forme massive rappelant vaguement la forme des hauts chandeliers employés dans le culte catholique et que l'on place sur l'autel. Le 3 janvier 1897, on rencontra dans la partie sud-ouest de la première partie un petit oiseau en terre émaillée, assez mal conçu et exécuté, mais ressemblant à la perfection à ceux que l'habile archéologue anglais, M. Flinders Petrie, a trouvés dans ses fouilles de Neggadeh, en 1894-1895. Je ne parle pas des quelques trouvailles de métal faites au cours de ces fouilles qui sont préliminaires, parce que j'aurai amplement l'occasion d'en parler plus loin.

Les premières chambres fouillées dans la première partie du monument ne donnèrent presque aucun objet: on y trouva seulement des vases en albâtre grossier comme ceux dont il vient d'être question et un ou deux de matière plus belle et d'un travail plus soigné. Cette sorte de vases se trouva d'ailleurs dans presque toutes les chambres. Dès la première chambre cependant, je trouvai une série de bouchons, les uns en calcaire, les autres en terre, les premiers intacts, les seconds brisés en un nombre inconnu de morceaux; les premiers avaient la forme d'une calotte sphérique dont on aurait taillé la partie inférieure jusqu'à une certaine distance du centre, afin de pouvoir fermer l'orifice des vases: il y en avait de presque toutes les dimensions. J'ai eu beau par la suite rechercher les vases auxquels ils avaient appartenu, je n'ai pu en retrouver un seul. J'ai un moment, en désespoir de cause, songé à chercher ces vases dans les poteries, mais ma tentative échoua piteusement, car je ne pus pas en trouver un seul auquel adhérât quelqu'un de ces bouchons. Je dois donc croire jusqu'à nouvel ordre que les vases auxquels servaient ces bouchons ont disparu. Ils ne portaient aucune marque. Les seconds étaient de trois sortes: il y avait d'abord des bouchons en terre noire, très dure et très résistante; puis des bouchons en sable avec des fibres de palmier, et enfin des bouchons en limon du Nil retenu aussi par des fibres de palmier. Ils étaient tous brisés à très peu d'exception près, les derniers surtout s'effritaient on ne peut plus facilement. Dès la première chambre, je vis que ces bouchons étaient estampillés au nom d'un Pharaon que je n'avais pas encore rencontré et que je crois pouvoir lire *Ti*. Ce nom, je devais le rencontrer dans un grand nombre de chambres, même de la seconde partie du monument. J'en ai trouvé plusieurs autres que je ne peux pas connaitre et faire connaitre.

Dès les premières chambres sont apparues des fragments de métal, des outils complets en métal, des silex, des poteries qui permettaient de présager une trouvaille d'importance à mesure que le déblaiement continuerait. De fait, c'est ce qui a eu lieu, ainsi que je vais le dire rapidement et en me bornant aux trouvailles vraiment dignes de l'attention du lecteur.

Jusqu'à la chambre 18, on ne rencontra guère que des fragments ou des objets de peu d'importance. Le 9 janvier on trouva dans cette chambre, outre différents objets en métal, des vases complets ainsi qu'une table d'offrandes complète : cette bonne aubaine provenait de ce que le mur ouest du corridor occidental qui était aussi le mur est de cette chambre avait subi une poussée considérable et était tombé sur ces objets. Le même fait ayant eu lieu pour le corridor est dans la partie située en face de la chambre 20, le 14 janvier j'eus le bonheur de trouver deux grandes jarres en albâtre, des vases intacts en marbre ou en albâtre, une table à deux degrés et divers fragments ayant des inscriptions. L'un des fragments avec inscription trouvés dans l'une de ces chambres contient des titres sacerdotaux et politiques qui sont parfaitement connus et de plus la mention de deux Dieux qui ne sont pas autrement désignés. Elle peut se traduire ainsi : Le prince, le voyant, le *kherheb* l'homme au rouleau magique en chef des deux Dieux, puis vient sans doute le nom du prêtre. La chambre 21, ainsi que quelques unes des suivantes, avait un mobilier presque au complet : elle fournit au moins deux cents vases présentant toutes les formes : aussi ces chambres étaient-elles complètement détruites. La chambre 21 contenait de grands vases en marbre rouge avec des plaques blanches ou d'autre couleur. La chambre 22 devait être la chambre aux vases en marbre rouge, comme les suivantes celles aux vases de brèche, aux vases en marbre bleu veiné de blanc, ou marbre blanc tacheté de bleu, en porphyre, etc. Malheureusement les vases en marbre rouge étaient très tendres et ont été retirés en morceaux car leur séjour prolongé dans le sable avait presque complètement ramolli le marbre. Dans la chambre 24 on trouva des sortes de cylindre en calcaire et des calottes sphériques en marbre rouge ou en granit gris. Les uns et les autres avaient une forme très grossière : les cylindres étaient à peine formés, mais les calottes sphériques portaient plus de traces d'un travail soutenu. J'ai entendu exprimer deux avis très distincts au sujet de ces objets : d'après le premier, ce seraient des percuteurs dont on se servait pour le travail ; d'après le second, ce seraient des œuvres à peine commencées. Je ne peux accepter ni l'un ni l'autre de ces deux avis. D'abord il est impossible de se servir de presque tous ces objets, cylindres ou calottes, comme percuteurs, car ils sont d'un poids qui exigerait une force plus qu'humaine pour être employés à cet usage, le bras qui les aurait maniés au plus pendant cinq minutes serait à bout de forces et de plus ils auraient exigé l'emploi des deux mains. La seconde hypothèse ne me semble pas non plus admissible, car si les calottes sphériques pouvaient bien être creusées en assiettes, les cylindres sont polyédriques, et non pas ronds, ils ont été taillés à dessein et ne pouvaient donc servir à faire ces vases grossiers que j'ai trouvés en si grand nombre dans ce monument. Je croirais bien plus volontiers que ce sont-là des restes du culte fétichiste, car les pierres à peine dégrossies ont été en honneur de tout temps en Afrique. La chambre 25 contenait des objets en bronze, aiguilles, ciseaux, haches d'un modèle inconnu jusqu'ici, un vase avec anse, etc. Et puisque je parle ici d'objets en métal, je dois dire que le grand intérêt des objets découverts dans le monument fouillé cet hiver vient de la présence abondante du métal, cuivre, bronze, argent ou or. Je suis persuadé que le monument contenait en quelqu'une de ses chambres des vases en or ou en argent, ou d'autres objets fabriqués en ces deux matières ; mais il n'était guère possible que les spoliateurs les eussent laissés en place, parce qu'ils pouvaient les convertir en lingots et les vendre sous cette forme, à moins qu'ils ne les aient employés sous la forme qu'avaient ces objets, vases ou bijoux. Il n'en fut laissé aucun ; mais, par je ne sais quel concours de circonstances, les murs contenaient encore des feuilles d'or battues et une feuille d'argent. La première feuille d'or trouvée le fut dans un trou qui avait servi à recevoir l'extrémité sud de l'un des soliveaux en bois qui recouvraient la chambre. Cette trouvaille me surprit beaucoup, et, afin de savoir si par hasard il n'y en avait pas d'autres dans le reste du mur sud qui avait subi une poussée considérable, je fis sonder le mur qui ne donna rien. Tout me faisait présager que cette feuille d'or était solitaire, lorsqu'en sondant, par acquit de conscience, le mur nord de la même chambre, un coup de hachette fit tomber une grande quantité de ces feuilles qui avaient été placées, ce semble, dans l'intérieur du mur, je ne sais pour quelle raison et pour quel usage.

Les objets en métal que j'ai rencontrés dans cette première partie du monument sont nombreux : les vases en bronze sont en nombre important pour cette époque reculée, les instruments de paix ou de guerre en nombre considérable et je trouvai en un seul jour 1220 petits objets votifs en cuivre. Ces derniers avaient été oubliés par les spoliateurs sur le haut d'un pilastre du corridor est, où ils étaient dissimulés au milieu des débris et du sable. Au contraire les vases en bronze ont été trouvés sous des murs ayant subi une poussée, sauf deux qui ont été rencontrés à même dans le sable, dans une chambre ouest appartenant à la seconde partie du monument, près de la porte. Ces vases avaient une forme évidemment imitée des vases en pierre connus à l'époque à laquelle on les avait fondus : ils sont très minces et c'est je crois, précisément pour cette raison qu'ils ont été dédaignés par les spoliateurs. Comme le plus ancien objet de bronze connu avant les fouilles de l'année dernière datait de la XIIe dynastie et que les objets trouvés l'année dernière étaient de très petit modèle, il y a tout lieu de croire que les fouilles de ce monument nous ont livré les plus anciens et les plus grands modèles connus des vases en bronze. Dans deux chambres, j'ai trouvé vestige de vases en bronze ou en cuivre dont on pouvait encore mesurer le diamètre : l'un d'eux avait 0^m^ 35, l'autre 0^m^ 71 de diamètre, ce qui laisse supposer, surtout pour le dernier, des vases considérables.

Les objets votifs en cuivre ne sont pas moins curieux pour une autre raison. Ils représentent des outils, ciseaux, aiguilles, pincettes, ou instruments de guerre comme des haches, et toute une série d'objets que j'appellerai géométriques, les uns ayant la forme d'une pyramide triangulaire, les autres de triangles, rectangles, isocèles, etc., ce qui n'avait pas été rencontré jusqu'à présent.

La chambre 28 fournit à elle seule 594 silex et les chambres suivantes en fournirent de même un certain nombre. Ces silex comprennent des couteaux, des grattoirs, des haches et un nombre très considérable de petits éclats auxquels adhérait encore un reste de gangue blanchâtre. Les grattoirs étaient de beauté commune, quelques haches étaient peu ordinaires, mais les couteaux dont douze seulement étaient intacts, étaient d'une grande beauté : ce sont les plus beaux spécimens connus jusqu'à présent, si l'on en excepte le couteau recouvert d'une feuille d'or trouvé l'année dernière à l'issue des fouilles d'El 'Amrah. Le fait seul d'avoir rencontré dans cette chambre 28 un nombre aussi grand de silex prouve qu'ils y avaient été déposés à dessein, et, si j'ajoutais à ce nombre ceux que j'ai rencontrés au dessus des chambres voisines et au dessus de celle-ci, le chiffre serait plus considérable encore.

A partir de la chambre 33, je commençai de rencontrer des poteries remplies de graines : toutes ou presque toutes ces poteries avaient été brisées soit intentionnellement, soit par suite de la chute des murs. J'ai pris soin de conserver des échantillons de ces graines qui seront soumises à l'examen des personnes compétentes. La chambre 36 me fournit cinq vases intacts, dans le genre des vases canopes, enfermés dans une caisse en bois. Ces vases me furent volés dans ma maison vers la fin de mon séjour à Abydos, et, comme je jetai des cris assez hauts pour être entendus, on m'en rendit trois et l'on emprisonna cinq hommes n'ayant commis d'autre faute que celle de se prêter avec trop de complaisance aux désirs du principal voleur qui resta impuni. Je devais par la suite rencontrer un certain nombre de ces caisses en bois et j'en parlerai plus longuement bientôt : mais dès à présent, je dois parler d'une sorte de coffre en albâtre, pesant la charge d'un homme et qui fut rencontré dans la porte d'une chambre occidentale près du mur nord. Je rencontrai aussi des fragments d'autres coffres du même genre : tous avaient une rainure pour recevoir un couvercle que je n'ai pu rencontrer.

Tel est en gros le contenu de la première partie du monument. On peut voir qu'elle était d'une richesse extraordinaire. Nulle part je n'avais rencontré de cadavre : au fond d'une chambre située à l'ouest je trouvai un fragment d'ossement humain, et un autre dans la couche supérieure de sable. J'avais cependant donné un soin particulier à la recherche de ces vestiges d'êtres humains qui ont passé sur la terre et ne sont plus, j'avais recommandé à mes surveillants en particulier et à tous mes ouvriers en général d'apporter le plus grand soin à ramasser les moindres ossements, tant d'hommes que d'animaux ce qui les avait fait sourire et se dire entre eux que je recherchais des choses viles et d'une manière stupide, car si je voulais des ossements je n'avais qu'à en prendre dans la partie de la nécropole la plus rapprochée des villages compris sous la dénomination de Harabat el Madfouneh. Cette absence presque complète d'ossements donne beaucoup à penser. D'ordinaire si l'on bâtit un tombeau, c'est pour y déposer un cadavre et je ne trouvais point de cadavre ; à quoi donc pouvait servir cette première partie d'un monument tel que celui que je venais de déblayer ?

Le déblaiement de la seconde partie du tombeau me devait fournir les réponses : à la première chambre que je déblayai du côté est, je trouvai les cadavres que je cherchais ; mais de même que j'ai dû parler du déblaiement de cette seconde partie en sens inverse de la manière dont j'avais opéré, de même aussi me faudra-t-il parler en suivant le même ordre des objets qui y ont été rencontrés. Je vais noter tout d'abord un changement complet dans la nature des objets rencontrés. On ne trouve plus qu'en nombre relativement infime les vases en pierre si l'on excepte les vases en marbre blanc veiné de bleu ou de noir ; mais au contraire on trouve par milliers des poteries grossières, dont à peine quelques-unes portent des marques comme celles rencontrées l'année dernière à Om el Ga'ab et comme celles que M. Petrie a trouvées à Neggadeh. Ce qui domine ensuite, ce sont les céréales ou les fruits trouvés dans de grandes caisses en bois affectant la forme des chambres, se prolongeant jusqu'au milieu du corridor, à peine si l'on a trouvé quelques objets en métal. Ce qui apparait fréquemment, ce sont des perles en terre émaillée, des objets comme je n'en ai jamais vu de semblables en même matière, ce qui suffit à mon sens pour prouver qu'ils sont bien de l'époque du tombeau.

Les trois premières chambre de la seconde partie du monument étaient trop détruites pour qu'on pût espérer d'y rencontrer quoi que ce soit. La quatrième ne contenait qu'un ou deux paquets de joncs retenus par des liens d'herbe. La cinquième, au contraire était remplie d'ouvrages de vannerie, sans doute des chaises ou des fauteuils très primitifs, qui se sont changés en poussière dès qu'on les a touchés : à peine ai-je pu retirer du désastre et du sable quelques pieds auquel adhéraient encore des fibres tressées. Je trouvai aussi dans cette chambre et dans d'autres des restes de nattes à claire-voie, comme celle que l'on fait encore en Chine à l'usage des classes pauvres. Les chambres 6 à 14 étaient remplies de poteries scellées avec des bouchons en terre : les poteries étaient presque toutes cassées, et de même les bouchons étaient brisés : comme je faisais ramasser les moindres fragments de ces bouchons qui étaient tous estampillés, j'ai pu réunir des estampilles intéressantes. Ces vases contenaient des graines et des fruits qui ne sont pas encore déterminés scientifiquement. La chambre 14 contenait aussi quelques objets en bronze. Les vases en terre étaient quelquefois plantés ou couchés parmi des tas énormes de céréales enfermées dans de grandes caisses hautes quelquefois de 0ᵐ 56. Il y avait là environ 20 *ardebs* (soit 40 hectolitres) de fruits ou de grains si durs qu'il fallait employer la hachette pour en séparer de très gros blocs. Dans les deux chambres suivantes étaient des jarres énormes comme celles que j'avais rencontrées l'année dernière au tombeau de *Den*, dans une chambre faisant sans doute partie de cette tombe, mais séparée. Elles étaient à peu près toutes brisées, et, si quelque-unes étaient encore debout, elles étaient fêlées. La terre en était plus rouge que la terre de celles trouvées l'année dernière, et de plus, il était facile de voir que la cuisson n'avait pas été très bonne, car il y avait des boursouflures fréquentes et, l'idée m'étant venue d'examiner sur un fragment d'où provenaient ces boursoufflures, je n'eus pas de peine à voir qu'elles provenaient de la cuisson. Avec la chambre 17, nous entrons dans une autre partie du mobilier : on recommence à trouver des fragments de vases en albâtre, en brèche, et presque tous sont enfermés dans des caisses en bois : il en est de même jusqu'à la chambre 22 inclusivement. Les fragments de terre émaillée sont très nombreux. Avec les deux chambres 23 et 24 qui terminent ce côté du monument, la scène change, car ces deux chambres renfermaient les restes des squelettes, les seuls qui se soient trouvés dans ce monument tout entier. Le premier était intact, sauf qu'il lui manquait une jambe ; il n'occupait pas la place qui lui avait été destinée, car il se trouvait sous un mur dans une sorte de trou oblong, trouant le mur de part en part, et il avait sans doute été jeté là au moment de la spoliation. Il était dans la position qu'on appelle contractée, les genoux à la hauteur de la poitrine, entièrement ramassé sur lui-même, comme les cadavres trouvés l'année dernière à Om el Ga'ab. Le second était entièrement dans la chambre 24, mais il était en pièces, et les pièces en avaient été jetées pêle-mêle, comme dans un moment de fureur. Que cela n'eut pas été fait primitivement, c'est ce qu'il est facile de prouver, car le crâne était absent et les divers ossements se trouvaient à divers étages dans la couche de sable qui emplissait cette chambre. J'ai fait ramasser précieusement tous les ossements ; malheureusement quand on voulut toucher les os du premier ils cassèrent, le squelette se disloqua et le crâne se fendit. Lorsque je les portai au Caire à un spécialiste pour qu'il les étudiât, il me répondit qu'ils étaient en trop mauvais état pour pouvoir être mensurés. Je le regrette vivement, mais je ne pouvais donner que ce que j'avais.

Je dois noter ici quelques particularités intéressantes, à savoir que je trouvai des débris d'étoffes — étoffes anciennes et non étoffes coptes, comme celles qu'avaient laissés les spoliateurs — et ensuite que dans l'un des squelettes, dans le crâne du premier, il y avait une sorte de résidu résineux en tout semblable à un fragment de résine rencontré au fond d'une chambre.

La chambre 25, celle qui était revêtue de calcaire dans la partie inférieure, contenait un nombre considérable de fragments de vases en marbre blanc veiné de bleu, de perles et de petits objets en terre émaillée : il y en avait toute une couche, à peu près à 0m 50 de la surface en descendant dans la chambre. Il est très probable que ce devait être là la chambre où furent déposés primitivement les deux cadavres dont je viens de parler, et qu'ensuite on jeta soit dans un trou creusé dans le mur est de cette chambre, soit dans la chambre 24. Les chambres 26, 27 et 28 ne contenaient absolument rien que je n'eusse déjà trouvé des centaines de fois. Maintenant si j'ajoute à cette liste rapide des objets trouvés, la présence d'objets particuliers en *porcelaine*, j'aurai mentionné tout ce qui me semble plus particulièrement intéressant pour les lecteurs de cette brochure.

Tel est en gros le bilan des objets trouvés dans la seconde partie du monument. Il n'y avait aucun nom nouveau sur la plupart des bouchons ou fragments de bouchons rencontrés dans les dernières chambres, sauf un grand cône comme ceux trouvés l'année dernière et le seul que j'aie trouvé cette année.

IV

Le moment ne me semble pas encore venu de tirer toutes les conclusions qui pourraient ressortir des fouilles de cette année, pas plus d'ailleurs que celles qui ont été effectuées l'année dernière. Pour pouvoir conclure d'une manière définitive, il faudrait au moins avoir exploré toute la nécropole d'Om el Ga'ab : je croyais pouvoir le faire cette année, mais le hasard des fouilles en a décidé autrement et il faut attendre la campagne prochaine. Ce qu'il y a de bien certain, c'est que le monument mis au jour pendant l'hiver 1896-1897 est de la même époque, par conséquent appartient à la même civilisation que les tombes voisines d'Om el Ga'ab, qu'il contenait les mêmes objets ou des objets analogues. S'il fallait de toute nécessité établir une chronologie entre le monument découvert cette année et les tombes de l'année dernière, je placerais volontiers le premier à une époque antérieure aux secondes. Pour cela, je pourrais faire valoir plusieurs raisons : d'abord le fait matériel que ce monument est plus rapproché de la montagne occidentale que les tombes d'Om el Ga'ab, car il est plus que probable que les hommes de ce temps là ont utilisé les sites qui se rapportaient le mieux à leurs croyances et à leurs superstitions avant d'utiliser ceux qui s'y rapportaient moins. En second lieu, tous les tombeaux mis au jour pendant l'hiver 1895-1896 étaient construits en briques, tandis que le monument découvert pendant l'hiver dernier, s'il connait les briques, a été construit à une époque où la plupart des habitations se construisaient en terre battue et où l'on ne connaissait pas encore expérimentalement l'usage de la brique assez pour l'employer d'une manière générale et exclusive dans les constructions. Pour ces deux raisons donc je crois que le monument de cette année appartient à une époque quelque peu antérieure à celle des tombes découvertes pendant la campagne 1895-1896.

Je crois aussi que le monument était unique, bien qu'il ait été consacré à deux morts illustres pour leur époque, qu'il eût deux entrées, l'une au nord, l'autre au sud, et qu'il y ait eu entre les deux parties de ce monument des différences de plan aussi sensibles que celles que j'ai signalées. La première partie, celle du nord, me semble avoir été construite pour servir de magasin général ; la seconde, celle du sud, me parait avoir été destinée plus spécialement aux cérémonies des funérailles et aux besoins plus pressants et plus immédiats des morts. D'après ma manière de voir, la seconde aurait contenu le mobilier et les approvisionnements donnés aux deux morts ; la première partie aurait servi à recevoir les objets que la piété des descendants apportait en nombre considérable à leurs ancêtres, en vertu des idées alors acceptées sur la survivance de l'une des parties du composé humain et sur les moyens pratiques d'assurer avec honneur cette survivance à travers les siècles. Le fait seul que dans la première partie du monument il n'a été rencontré que deux ossements, dont un seul au fond d'une chambre qui n'était pas faite d'ailleurs pour le recevoir, me semble militer fortement en faveur de ma croyance. Ce fait est d'ailleurs corroboré par cet autre, à savoir que deux cadavres ont été trouvés dans les deux dernières chambres situées à l'est, bien que je ne crois pas qu'elles eussent été construites dans ce but et que la chambre 25, avec son revêtement en pierres, me semble avoir plutôt été destinée à cet usage.

Le fait de n'avoir trouvé que deux squelettes dans tout ce grandiose tombeau est expliqué par le fragment de vase que j'ai déjà signalé comme portant une inscription où il est parlé d'un prêtre attaché au culte de *deux Dieux*. Ce seraient les squelettes de ces *deux Dieux* que j'aurais trouvés. Que sont maintenant ces *deux Dieux*? sont-ce ceux dont j'ai trouvés les noms sur les bouchons en terre ? C'est possible, mais je crois qu'il est complètement hors des facultés humaines de pouvoir choisir présentement entre les divers noms que j'ai trouvé inscrits sur ces bouchons. En outre, comme j'ai trouvé ces noms dès la première chambre de la partie nord, c'est-à-dire celle que je crois avoir été réservée au culte des Ancêtres, il n'est pas très probable que ces noms soient ceux des possesseurs du tombeau, à moins que l'on ne suppose que l'on avait gravé leurs noms sur les bouchons. Ce qui pourrait militer en faveur de cette explication, c'est que dans un rectangle non surmonté de l'épervier, il y avait une inscription de cinq signes hiéroglyphiques pouvant s'interpréter ainsi : *offrandes aux deux Dieux*. La chose est donc possible, et peut-être l'un des *Dieux* s'est-il appelé *Ti*. Mais ce qu'il y a de complètement certain, c'est que j'ai rencontré d'autres noms de *doubles* et que ces noms appartiennent à des personnages déjà connus par mes fouilles de l'année dernière. La présence de deux de ces noms dans les chambres du monument fouillé l'hiver dernier suffit seul à démontrer que ceux qui les ont portés ont vécu postérieurement à ceux qui ont été enterrés dans le tombeau, et, comme je les avais trouvés l'année dernière dans des circonstances semblables, ils devaient aussi être postérieurs aux Pharaons dans les tombes desquels ils ont été rencontrés, à savoir les quatre Pharaons dont j'ai trouvés certainement les tombeaux, car leurs stèles étaient encore, sinon absolument en place, du moins elles avaient été renversées à terre en face du lieu où elles avaient été placées primitivement. Ce sont les tombeaux du roi Serpent, du roi Den, du roi Qad et d'un quatrième dont le nom ne peut encore être lu. Par conséquent, les douze autres noms se trouvaient dans les tombes des quatre Pharaons uniquement pour cause de culte, quoique leurs tombes puissent se trouver l'année prochaine parmi celles qui restent à ouvrir.

C'est tout ce que je peux dire à ce sujet. Quant à l'importance du monument, elle ressort de ces dimensions extraordinaires, et l'importance des *deux dieux* doit répondre à celle de leur monument. Mais elle ne ressort pas uniquement de ces dimensions, elle ressort surtout de la richesse fabuleuse dont témoignaient les mobiliers déposés dans les diverses chambres. Malgré la spoliation et le pillage, les restes qui ont été trouvés prouvent péremptoirement que les hommes qui savaient choisir les pierres les plus rares et les employer à leurs besoins, les tailler de manière à faire ressortir avec avantage les plus belles veines, qui les ornaient de dessins ou d'inscriptions soit gravées, soit écrites à l'encre rouge — j'en ai un certain nombre de cette catégorie — qui connaissaient assez l'usage des métaux pour en faire les ustensiles, les armes, les outils et les vases que j'ai rencontrés, qui appréciaient en plus les objets en ivoire sculpté, les pierres vraiment précieuses et avaient su découvrir l'art de la terre émaillée, étaient des hommes déjà en possession d'une civilisation remarquable quoique primitive. Si l'on veut se faire une idée de la richesse du tombeau et par conséquent de son importance, que l'on sache que j'y ai trouvé environ 3000 vases taillés dont quelques-uns seulement sont intacts ou complets et tous les autres brisés ; que quelques-uns de ces vases avaient des proportions extraordinaires, qu'une grande jarre en albâtre n'avait pas moins de 0m 98 de hauteur et que pour la creuser il avait fallu d'abord une grande habileté et avoir ensuite des instruments spéciaux ; que d'autres vases étaient ornés de dessins primitifs, il est vrai, mais correspondant en tous points à ce que l'on peut attendre de l'époque à laquelle ils ont été faits ; que d'autres ont des formes inconnues en Egypte et jusqu'à ce jour, mais qui par un hasard extraordinaire se trouvent employées dans nos usages actuels ; et enfin que certains fragments de ces vases sont en pierres réputées précieuses, même de nos jours. Je pourrais faire valoir ici beaucoup d'autres considérations qui tendraient à démontrer encore l'importance et la richesse du monument découvert pendant la dernière campagne de mes fouilles à Abydos, mais j'estime que ce que je viens de dire suffit amplement. Pour me résumer, je dirai que si les résultats de mes fouilles pendant l'hiver 1896-1897 ne sont pas aussi importants que ceux de l'hiver 1895-1896 pour ce qui concerne les noms historiques ils sont autrement importants pour l'histoire en général. Pas une seule des découvertes faites au cours de l'hiver dernier n'est venue rendre instable l'hypothèse que j'ai émise dans ma première brochure, à savoir que les noms des *doubles* royaux pouvaient parfaitement s'appliquer à des personnages ayant appartenu à des dynasties antéhistoriques : le gros argument en faveur de cette hypothèse, c'est que les seize noms découverts l'année dernière, auxquels il faut joindre les cinq ou six noms de cette année plus le Pharaon que M. de Morgan dit avoir découvert à Neggadeh, si la découverte se confirme, font au moins vingt-deux rois, tandis que les deux premières dynasties n'en comptent que dix-sept, d'après Manéthon. Or jusqu'ici, malgré tout ce qu'on peut dire et malgré tous ses défauts, Manéthon reste pour nous la pierre angulaire de toute la chronologie égyptienne. Il n'y a pas à craindre de le prendre en défaut sur ce point particulier, puisque lui-même nous avertit, d'après ses abréviateurs, qu'avant Ménès il y avait eu d'autres dynasties, qu'il n'a pas cru devoir conserver les noms des rois qui les ont composées, et que ces dynasties étaient originaires, les unes de Thèbes, les autres de Thinis ou Abydos. Or j'aurais rencontré les dynasties originaires de Thinis et M. de Morgan aurait mis la main sur l'un des rois des dynasties thébaines. Je le répète, rien n'est venu infirmer mon hypothèse ; tout au contraire la confirme, mais je suis le premier à dire que, tant que les fouilles d'Abydos ne seront pas complètes, il serait téméraire de rien affirmer. L'avenir se chargera sans doute de déblayer le terrain scientifique des hypothèses mal venues ou superficielles. Quoiqu'il doive arriver, il m'est permis de dire cette année que cette hypothèse, bien qu'elle ait paru trop hardie, a réuni la grande majorité des suffrages scientifiques, si on la restreint aux deux premières dynasties. En tout cas, que j'aie trouvé les dynasties qui ont précédé Ménès ou que j'aie trouvé les deux premières dynasties historiques, la découverte est des plus importante et ne saurait être niée.

FIN

Baugé (Maine-et-Loire). — Imprimerie Daloux.

www.ingramcontent.com/pod-product-compliance
Ingram Content Group UK Ltd.
Pitfield, Milton Keynes, MK11 3LW, UK
UKHW012106240726
13965UKWH00004B/1588

9 782013 451567